Susanne Vogt

Praktische Do-it-yourself-Ideen

FÜR KLASSENORGANISATION & KLASSENZIMMER

Lobmonster, Scherenparkplatz,
3D-Kalender & vieles mehr

Verlag an der Ruhr

IMPRESSUM

TITEL
Praktische Do-it-yourself-Ideen für
Klassenorganisation & Klassenzimmer
Lobmonster, Scherenparkplatz,
3D-Kalender & vieles mehr

AUTORIN
Susanne Vogt

TITELBILDMOTIVE
Holzwand, Kordel: © Coloures-pic – stock.adobe.com;
Schere: © wichientep – stock.adobe.com
Nadelkissen, Steine, Kalender: © Susanne Vogt

FOTOS
soweit nicht anders vermerkt: Susanne Vogt
Rahmenlayout
Holzwand: © SusaZoom – Shutterstock.com
Wäscheklammer: © doomu – stock.adobe.com

GESTALTUNG | LAYOUT | SATZ
ebene N, Mülheim an der Ruhr

DRUCK
Athesia Druck GmbH, Bozen, IT

Verlag an der Ruhr
Mülheim an der Ruhr
www.verlagruhr.de

Geeignet für die Altersstufen 6–99

© Verlag an der Ruhr 2020
ISBN 978-3-8346-4293-6

Urheberrechtlicher Hinweis

Das Werk und seine Teile sind urheberrechtlich geschützt. Jede Verwendung in anderen als den gesetzlich zugelassenen Fällen bedarf der vorherigen schriftlichen Einwilligung des Verlages. Im Werk vorhandene Kopiervorlagen dürfen vervielfältigt werden, allerdings nur für Schüler*innen der eigenen Klasse/des eigenen Kurses. Die dazu notwendigen Informationen (Buchtitel, Verlag und Autorin) haben wir für Sie als Service bereits mit eingedruckt. Diese Angaben dürfen weder verändert noch entfernt werden. Die Weitergabe von Kopiervorlagen oder Kopien (auch von Ihnen veränderte) an Kolleg*innen, Eltern oder Schüler*innen anderer Klassen/Kurse ist nicht gestattet. Der Verlag untersagt ausdrücklich das Herstellen von digitalen Kopien, das digitale Speichern und Zurverfügungstellen dieser Materialien in Netzwerken (das gilt auch für Intranets von Schulen und sonstigen Bildungseinrichtungen), per E-Mail, Internet oder sonstigen elektronischen Medien außerhalb der gesetzlichen Grenzen. Kein Verleih. Keine gewerbliche Nutzung. Zuwiderhandlungen werden zivil- und strafrechtlich verfolgt.
**Bitte beachten Sie die Informationen unter
www.schulbuchkopie.de.**

Soweit in diesem Produkt Personen fotografisch abgebildet sind und ihnen von der Redaktion fiktive Namen, Berufe, Dialoge u. Ä. zugeordnet oder diese Personen in bestimmte Kontexte gesetzt werden, dienen diese Zuordnungen und Darstellungen ausschließlich der Veranschaulichung und dem besseren Verständnis des Inhalts.
Trotz sorgfältiger inhaltlicher Kontrolle kann keine Haftung für die Inhalte externer Seiten, auf die mittels eines Links verwiesen wird, übernommen werden. Für den Inhalt der verlinkten Seiten sind ausschließlich deren Betreiber*innen verantwortlich.

INHALT

- 4 Vorwort
- 5 Praktische Tipps
- 6 Arbeitsmittel

9 PRAKTISCHES FÜR DIE KLASSENORGANISATION

- 10 Lärmwinzlinge
- 12 Lobmonster
- 14 Geschichtenschuhe
- 16 Kind der Woche
- 19 Dropbox, mal anders
- 22 Geburtstagsstuhl
- 24 Who's next-Klammern
- 27 Immerwährender Kalender

31 PRAKTISCHES FÜR KLASSENZIMMER UND SCHULHOF

- 32 Farbentisch
- 34 Origami-Blatthalter
- 38 Pinseltrockner
- 40 Sammler aus Kanistern
- 43 Scherenparkplatz/Leimnest
- 45 Pausenregel-Stellvertreter
- 48 Mini-Schreibtafel
- 50 Letterboard
- 52 Arbeitsblatt-Fresserchen
- 54 Mut-Wut-Ball
- 57 Plauderteppich
- 60 Kopfhörer-Domizil
- 62 Magnetische Getränkekarton-Boxen
- 65 Babygläser-Kleinkram-Organisator
- 67 Rechts-Links-Rhythmus-Sticks
- 69 Stäbchen-Pinzette
- 71 Heizkörper-Ablage
- 73 Materialsammler aus Rohren
- 75 Der-die-das-Eimer
- 77 Knopf-Rassel
- 79 Klemmbrett

81 JAHRESZEITLICHES UND KLEINE GESCHENKE

- 82 Adventskalender aus Schwemmholz/Reisigbesen
- 84 Schul-Leiter-Weihnachtsbaum
- 86 Eierpaletten-Osternest
- 88 Goldnuggets mit Edelsteinen
- 90 Stempel
- 93 Mini-Nadelkissen
- 95 Handylautsprecher

VORWORT

„Ich bin völlig untalentiert!"
„Ich habe zwei linke Hände!"

Sätze wie diese höre ich häufig. Allerdings nie von Kindern, sondern nur von Erwachsenen. Warum ist das so?

Ich bin frech und stelle die These auf: **Handwerken kann einfach jeder.** Nicht jeder ist DER*DIE Handwerker-Meister*in (nebenbei bemerkt, bedarf es dafür ja einer mehrjährigen Ausbildung!). Aber einfache Ideen umsetzen können auch Menschen, die „zwei linke Hände" an sich sehen.

Ich denke, Leute, die so etwas sagen, trauen sich einfach zu wenig zu, gehen Werkeleien zu kompliziert an oder sie haben schlichtweg die falschen Erfahrungen gemacht. Aus dem Mund eines Kindes habe ich den oben geschriebenen Satz noch nie gehört. Kinder vertrauen nämlich auf ihr Können und vielleicht auch auf die Hilfe von „den Großen", die für sie Erfahrung und Kompetenz ausstrahlen und signalisieren: „Ich kann dir helfen!" Und das soll auch dieses Buch. Es soll zeigen: Handwerken ist nicht schwer, auch Sie können es!

Dieses Buch

Dieses Buch soll dazu beitragen, dass auch Lehrer*innen, die sich als „Personen mit zwei linken Händen" sehen, kreative und gelungene Do-it-yourself-Ideen umsetzen können. Es soll die Freude am praktischen Gestalten wecken und Ihnen Momente der Zufriedenheit mit der eigenen Leistung bescheren. Das Buch soll Ihnen zeigen, wie einfach die wunderbarsten DIY-Ideen entstehen können. Es soll auch bei Ihnen die Lust auf Basteln und die Begeisterung für die Sache wecken – und idealerweise die eigene Kreativität beflügeln.

Das Buch bietet DIY-Angebote, die Sie im Schulalltag einsetzen können. Ideen, die die Klassenorganisation erleichtern, schön anzusehen und zudem leicht herzustellen sind. Die meisten Angebote sind so angelegt, dass sie auch von Menschen ohne Vorkenntnisse einfach und mit wenigen Materialien umgesetzt werden können.

Wenn Sie allein werkeln, fördert es Fantasie und Feinmotorik. Basteln Sie mit Kolleg*innen oder Kindern im Team, bereichert es darüber hinaus das soziale Miteinander. Vielleicht haben Sie ja Lust, die Ideen bei einem Teamanlass gemeinsam umzusetzen?

Der Verlag an der Ruhr legt großen Wert auf eine geschlechtergerechte und inklusive Sprache. Daher nutzen wir bevorzugt das Gendersternchen, um sowohl männliche und weibliche als auch nichtbinäre Geschlechtsidentitäten einzuschließen. Alternativ verwenden wir neutrale Formulierungen.

Die DIY-Angebote

Auf jeder Seite finden Sie eine kurze Beschreibung, die Ihnen einen Überblick verschafft, worum es sich bei der DIY-Idee handelt und wie sie eingesetzt werden kann. Die Materialliste zeigt Ihnen, was Sie dafür benötigen. Die Sternchen ✹/✹✹/✹✹✹ symbolisieren, wie aufwändig das Bastelangebot ist. Die Schritt-für-Schritt-Anleitung und die Fotos illustrieren das Vorgehen. Bei den meisten Ideen finden Sie zusätzlich zur eigentlichen DIY-Bastelei eine Beschreibung der Einsatzmöglichkeit. Außerdem werden Erweiterungsmöglichkeiten, Variationen oder lustige Zusatzideen beschrieben. Auch einige didaktische Ideen sind enthalten.

Zum Schluss des Vorworts wage ich noch eine These: **Die Freude am praktischen Tun steigert unsere Leistung. Was wir mit Freude tun, wird gelingen!**

In diesem Sinne wünsche ich Ihnen viel Spaß und frohe Tüftel-Stunden

Susanne Vogt

PRAKTISCHE TIPPS

Arbeitsraum
Für die meisten Ideen aus diesem Buch benötigen Sie keine Werkstatt oder ein Atelier. Die meisten Ideen können Sie daheim am Esstisch umsetzen. Nur wenige Bastelbeispiele sollten Sie in einer Werkstatt durchführen. Auch der Werkraum der Schule ist dafür gut geeignet.

Arbeitsfläche abdecken
Legen Sie den Arbeitsplatz und die Arbeitsfläche (Tisch, Fußboden etc.) mit Zeitungspapier oder Kunststoff-Tischdecken aus, sofern bei einem Projekt viel Müll anfallen sollte oder mit Farben gearbeitet wird. Kleben Sie die Ecken mit Malerkrepp fest. Dadurch ist alles abgedeckt, verrutscht nicht und ist wieder ablösbar. Dies erleichtert das Aufräumen und Putzen immens.

Arbeitskleidung
Ziehen Sie zum Werkeln nicht Ihre neuesten Kleider an. Gut geeignet sind ältere Hosen und ein altes Hemd.

Künstlerbedarf und Zubehör
Alle benötigten Materialien sollten zu Beginn der Gestaltung bereitstehen und griffbereit sein. Eventuell lohnt es sich, Farbbehälter am Tisch zu befestigen. Hierfür kann Malerkrepp verwendet werden.

Saubermachen
Gestalten Sie das Saubermachen so praktisch wie möglich. Halten Sie einen feuchten Schwamm oder Lappen griffbereit.

Illustration: © mipan – Shutterstock.com

ARBEITSMITTEL

Papier
Für einige der gezeigten Ideen brauchen Sie **Papier** in verschiedenen Stärken, **Fotokarton** oder **Pappe**. Bei den DIY-Ideen wird jeweils angegeben, welches die ideale Stärke ist.

Falzbein
Beim Falten von Papier, besonders von stärkeren Papiersorten, bietet es sich an, ein Falzbein zu verwenden.

Scheren
Es gibt unterschiedliche Scheren. Für Papier eignet sich eine **normale Schere**, bei Stoff sollten Sie auf eine **Stoffschere** zurückgreifen. Falls Sie keine haben, finden Sie eine Stoffschere in jedem Handarbeitsraum.

Cutter
Der Cutter kommt meist dann zum Einsatz, wenn man eine gerade Linie schneiden muss. Oft benutzt man ihn dafür zusammen mit einem Metalllineal.
Er eignet sich auch zum Schneiden von Karton. Nicht geeignet ist der Cutter für Kinderhände!

Kleber
Für viele DIY-Ideen aus diesem Buch eignen sich **Leimstifte/Klebestifte**. Manchmal benötigt man **Flüssigleim**, z.B. Bastelkleber. **Heißkleber** kommt oft zum Einsatz, wenn etwas sehr fest kleben soll. Auch Heißklebepistolen finden Sie im Werkraum.

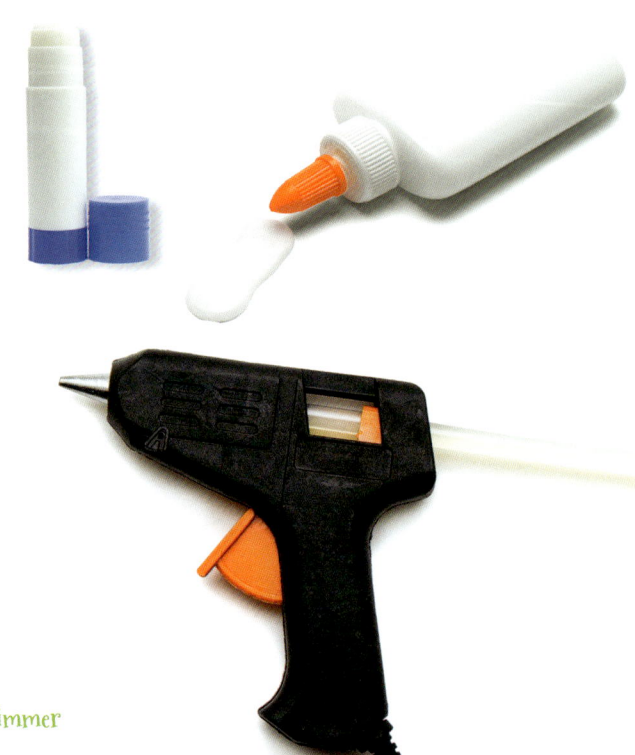

Cutter: © Олександр Луценко – stock.adobe.com, Klebestift: © design56 – stock.adobe.com, Flüssigleim: © Mega Pixel – Shutterstock.com, Klebepistole: © Ekaterina43 – Shutterstock.com

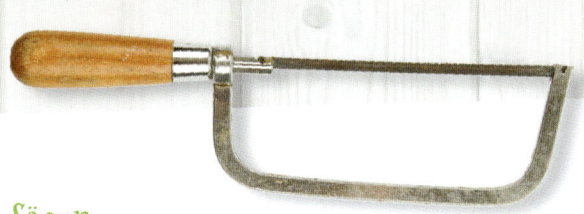

Sägen

Bei einer Bastelidee (S. 40) kommt eine **Eisensäge** zum Einsatz. Sie ist speziell zum Zerteilen von Metallen konzipiert. Auch wenn eine Metallsäge einer Holzsäge auf den ersten Blick ähnelt, ist es wichtig, dass Sie hier keine Holzsäge verwenden!

Zangen

Die **Kombizange** ist eine sehr vielseitige Zange. Sie hat einen groben Vorderteil, der sich für die Arbeit mit Draht und Blech eignet, z. B. zum Greifen und Herausziehen von Klammern und Nägeln. An der Seite hat sie eine Schneide, mit der man Draht durchtrennen kann.

Spitzzangen eignen sich zum Biegen von Draht, also für filigranere Arbeiten.

Die **Lochzange** finden Sie ebenfalls im Werkraum. Mit dieser Zange können Sie mühelos Löcher in Stoff, Leder, Filz, Karton oder andere flexible Materialien machen. Die Stärke der Ausstanzung können Sie durch Drehen des Rädchens bestimmen.

Nadeln

Man unterscheidet **Nähnadeln** und **Stopfnadeln**. Nähnadeln benötigen Sie für Handnäharbeiten. Sie sind vorn spitz.

Die Stopfnadel ist stumpf. Sie verwenden sie beispielsweise zum Einfädeln von Wolle oder Fäden in Löcher. Die Dicke des Öhres bestimmen Sie selbst.

Säge: © My Images – Micha – Shutterstock.com, Kombizange: © eyewave – stock.adobe.com, Spitzzange: © Jamroen Jaiman – Shutterstock.com, Lochzange: © Toni Genes – Shutterstock.com, Garnrolle: © Claudia Paulussen – stock.adobe.com, Nadel: © valkoinen – Shutterstock.com

Zum Befestigen zweier Stoffe aneinander, zum Anstecken von Stoff auf Styropor o. Ä. benötigen Sie **Stecknadeln**. Stellen Sie sicher, dass die Stecknadeln nicht gerostet sind, denn sonst hinterlassen sie unschöne Spuren.

Auch eine **Häkelnadel** kommt zum Einsatz.

Bohrer/Schrauber

Zum Bohren von Löchern und Eindrehen von Schrauben benutzen Sie am besten einen **Akkuschrauber**. Durch Austauschen der Aufsätze ist dieses Kombigerät für beides geeignet.

Für kleinere Löcher eignen sich auch **Ahlen**.

Forstnerbohrer

Zum Bohren größerer Löcher benutzen Sie am besten einen Forstnerbohrer. Mit dem Dorn in der Mitte des Bohraufsatzes erkennen Sie, wo der Kreismittelpunkt ist.

Punzierset

Um in Holz oder dünne Alufolien zum Basteln Schrift einzuprägen, benötigt man ein Punzierset. Lettern aus Metall werden mit einem **Hammer** auf/in das Material geschlagen und hinterlassen den punzierten Buchstaben.

Handbohrer eignen sich zum Bohren kleiner Löcher in weichere Materialien.

Praktisches für die Klassenorganisation

LÄRMWINZLINGE

Aufwand ✹   Schwierigkeit ✹

Darum geht's
Kieselsteine verwandeln sich durch Bemalen in kleine Helfer im Schulalltag, die für eine angenehme Arbeitsruhe sorgen.

Material
- ✓ Kieselsteine mit glatter Oberfläche (für jedes Kind einen)
- ✓ Acrylfarbe
- ✓ Pinsel, breit und fein
- ✓ Wattestäbchen
- ✓ farbige Lackstifte
- ✓ Sprühlack, transparent

So geht's
➤ Waschen Sie die Steine ab.
➤ Lassen Sie sie gut trocknen.
➤ Bemalen Sie zunächst die ganze Oberfläche mit dem breiten Pinsel. Lassen Sie alles gut trocknen.

➤ Zeichnen Sie mit dem feinen Pinsel, dem Wattestäbchen und den Lackstiften lustige Gesichter auf jeden Stein.
➤ Lackieren Sie alles nach dem Trocknen mit dem Transparentlack.

So verwenden Sie die Winzlinge

Erzählen Sie den Kindern, dass die Winzlinge ganz klein und somit auch sensibel sind. Sie reden – wenn überhaupt – nur sehr leise. Und das erwarten Sie auch von den Kindern, wenn Stillarbeit angesagt ist. Dann darf jedes Kind einen Lärmwinzling zu sich an den Platz holen. Der Winzling überwacht, ob still gearbeitet wird. Wenn es zu laut ist, bekommt er Angst und „flüchtet" wieder in seine Höhle.

Idee
Bauen Sie eine „Höhle" für die Winzlinge. Das kann ein Korb, eine dekorative Kiste oder auch etwas ganz anderes sein. Besonders gut eignet sich ein alter Setzkasten, weil er eine kleine „Wohnung" für jeden einzelnen Lärmwinzling bereitstellt.

Steine: © Cora Müller – stock.adobe.com

LOBMONSTER

Aufwand ✳✳   Schwierigkeit ✳✳

Material

- ✓ Einmachglas
- ✓ Acrylfarbe
- ✓ Pinsel, breit und fein
- ✓ Lackstifte, farbig
- ✓ Tonkarton, farbig und weiß
- ✓ Schere
- ✓ Heißkleber und Heißkleberpistole
- ✓ Sprühlack, transparent
- ✓ evtl. Schmuck und Deko

Darum geht's

Aus einem Einmachglas, Acrylfarbe und etwas Tonkarton stellen Sie ein Lobmonster her, das die Kinder gleichzeitig motiviert und kontrolliert. Das Lobmonster lobt die Kinder nicht nur – wie sein Name verrät – es stärkt auch deren Teamgeist. Denn am Ende jeder Woche „lobt" das Steine verschlingende Monsterchen die Kinder für ihr Verhalten und ihre tolle Leistung als Klasse. Es trägt so dazu bei, dass alle Kinder sich Mühe geben, sich angemessen zu verhalten und das Monsterchen dadurch satt zu machen.

So geht's

➤ Bemalen Sie das Glas von außen mit der Acrylfarbe. Sparen Sie vorn eine Öffnung als „Mund" aus.
➤ Während die Farbe trocknet, schneiden Sie Arme, Augen, Ohren oder andere Details aus dem Tonkarton aus.
➤ Gestalten Sie das Glas mit den Lackstiften. Zeichnen Sie damit am besten filigranere Details wie die Zähne. Lassen Sie die Farbe trocknen.
➤ Lackieren Sie jetzt das bemalte Glas.
➤ Stellen Sie eventuell weitere Deko her. (Hier wurde eine Schleife aus gebrauchtem Geschenkband und etwas dünnem Basteldraht gebunden.)
➤ Kleben Sie die Tonkarton-Teile mit Heißkleber fest.

So verwenden Sie das Lobmonster

Besorgen Sie für das ganze Schuljahr ausreichend Muggelsteine. Teilen Sie jede Woche jedem Kind drei Steine aus. Diese gilt es zu behalten. Wer stört oder die Klassenregeln verletzt, muss einen Stein abgeben. Am Ende der Woche wird das Lobmonster mit den Steinen „gefüttert", die nicht abgegeben werden mussten. Das Lobmonster lobt dann die Klasse (mit der Stimme, die Sie ihm leihen) und bedankt sich für das leckere „Essen", das es am liebsten hat: die Muggelsteine. Ist es halb satt, gibt es eine kleine Überraschung. Wenn das Lobmonster den ganzen Bauch voller Muggelsteine hat, eine größere.

GESCHICHTENSCHUHE

Aufwand ✸   Schwierigkeit ✸

Material

✓ Plastikschuhe
  (können für die Kinder auch gern zu groß sein)
✓ Heißkleber und Heißklebepistole
✓ Pfeifenputzer
✓ Dekosteinchen
✓ Muggelsteine
✓ Pompons
✓ alte Knöpfe
✓ Federn
✓ Wolle
✓ Dekoband

Darum geht's

Die hier entstehenden Schuhe sind nicht für den täglichen Gebrauch gedacht, sondern für besondere Anlässe: Sie dürfen nur von dem Kind getragen werden, das sich eine Geschichte ausgedacht hat. Diese heiß begehrten Märchenschuhe stellen Sie aus wenigen Dekogegenständen her.

Alte Knöpfe: © Africa Studio – stock.adobe.com
Bunte Knopfzusammenstellung: © Nik_Merkulov – stock.adobe.com

So geht's

➥ Bekleben Sie die Schuhe mit dem Dekomaterial.
➥ Lassen Sie den Heißkleber gut trocknen.
➥ Suchen Sie sich eine geeignete Unterbringung für die Schuhe (siehe „So verwenden Sie die Schuhe").

So verwenden Sie die Schuhe

Wie schon beschrieben, darf diese Schuhe nur das Kind tragen, das etwas Besonderes zu erzählen hat. Es trägt sie nur während seines Vortrags und gibt sie nach dessen Beendigung wieder ab. Sie sollten sich für diese Schuhe einen besonderen Ort überlegen, z. B. einen alten Koffer, eine Schatztruhe oder ein bunt verziertes Regal. Denn dann behalten die Schuhe ihren besonderen Magie-Charakter und wirken motivierend.

Idee

Themenschuhe

Sie können solche Schuhe auch zu Ihrem jeweiligen Thema gestalten. Weihnachtsschuhe könnten mit Plastikkugeln, Weihnachtsmann-Mützen und Mini-Geschenken geschmückt sein. Tierschuhe mit Schneckenhäusern, Mini-Vögelchen etc. Eine passende Maske könnte das Erzählkind noch zusätzlich zieren.

Maske: © kostasgr – Shutterstock.com

KIND DER WOCHE

Aufwand ✸✸   Schwierigkeit ✸

Material

- 2 Pappteller
- 1 Joghurtbecher, transparent (hier 500 g)
- Bleistift
- Schere
- Heißkleber und Heißklebepistole
- Wasserfarbe
- Pinsel
- Locher oder Lochzange
- evtl. dekorative Silberfäden
- (Nylon-)Faden
- evtl. Pailletten oder andere Verzierung
- Kuscheltier (hier 17 cm)

Darum geht's

Aus Papptellern, einem transparenten Joghurtbecher und jeder Menge Einfühlungsvermögen entsteht ein einfaches, aber sehr wirkungsvolles Feedback-Instrument für Kinder. Wer dieses Instrument einmal eingesetzt hat, wird es nicht mehr missen wollen.

So geht's

- Bemalen Sie mit den Wasserfarben die raue Seite des einen Tellers komplett und vom zweiten Teller den äußeren Teil.
- Lassen Sie die Farbe trocknen.
- Zeichnen Sie mit einem Bleistift auf der beschichteten Seite des oberen Tellers an, wie groß die Öffnung des Joghurtbechers ist.
- Schneiden Sie mit der Schere das Loch heraus, in das später der Joghurtbecher kommt.
- Stecken Sie nun den Joghurtbecher von unten in das Loch im Teller. Festkleben müssen Sie ihn nicht. Denn der Becher steht später auf dem unteren Teller auf.
- Setzen Sie das Kuscheltier in den Becher.
- Legen Sie nun den unteren Teller unter die Konstruktion. Kleben Sie beide Teller mit Heißkleber gut aneinander fest.
- Lochen Sie in regelmäßigen Abständen entlang der Ränder der Teller.
- Knoten Sie Faden in die Löcher. Befestigen Sie in vier der Löcher auch den Nylonfaden, den Sie zum Aufhängen benutzen möchten.
- Verzieren Sie das Ufo ggf. mit Ihren Deko-Utensilien.

So verwenden Sie das Ufo

Jede Woche darf – z.B. von Donnerstag bis Donnerstag – ein Kind das „Kind der Woche" sein. Es hat keine besondere Aufgabe und soll sich wie sonst verhalten. Aktiver sind die anderen Kinder. Sie überlegen sich die Woche über eine persönliche Rückmeldung für das Kind der Woche. Am Donnerstag erhält es ein Feedback von seinen Klassenkamerad*innen. Zuerst sagen die Kinder im Kreis, was dem Kind in der vergangenen Woche gut gelungen ist. Die Lehrkraft moderiert die Feedbackrunde und achtet darauf, dass das Feedback ehrlich und vielfältig (Pausenspiel, Unterrichtsfächer, Zwischenmenschliches) ist und auch direkt an das Kind gerichtet wird. „Du warst diese Woche lieb zu mir, als du mir beim Turnen geholfen hast" oder „Deine Schrift ist viel besser geworden" könnten solche Formulierungen sein. Danach folgt die Tipps-Runde. Dabei formulieren die Kinder, was sie dem Kind der Woche raten würden. „Es wäre schön, wenn du nicht mehr so oft hineinrufen würdest. Melde dich doch!", könnte so ein Tipp sein. Auch hier moderiert die Lehrperson.

Das kleine Ufo dient dabei als Stellvertreter. Es symbolisiert, dass während der Woche von oben beobachtet wird – und zwar das Kind der Woche von den Klassenkamerad*innen. Wenn es landet, zeigt es, dass die Feedback-Runde beginnt. Steigt es auf, ist ein anderes Kind das Kind der Woche und alles beginnt von Neuem.

Ideen

Schwebendes Ufo

Hängen Sie das kleine Ufo während der Beobachtungszeit mit transparenten Nylonfäden an einem Haken an der Decke auf. Das symbolisiert das Beobachten der Kinder. Lassen Sie das Ufo landen (Nylonfaden wie einen Flaschenzug nach unten herablassen), wenn die Feedback-Runde beginnt.
(Evtl. könnten Sie noch eine Lichterkette einschalten und die Rollos schließen.)
Das Kind der Woche erhält nun seine Rückmeldung von den anderen Kindern.

Bilderrahmen

Damit auch allen anderen Kindern klar ist, wer das Kind der Woche ist, könnten Sie aus einem weiteren Pappteller einen einfachen Bilderrahmen machen, indem Sie den Boden entfernen und ein ähnliches Muster auf den Rand malen wie beim Ufo. In das entstandene Loch im Teller kommt dann jede Woche das Foto eines anderen Kindes, das dann Kind der Woche sein darf.

DROPBOX, MAL ANDERS

Aufwand ✹✹ bis ✹✹✹   **Schwierigkeit** ✹✹

Material

- ✓ Tonkarton (mindestens 250 g), im Format DIN A2 oder stabile Wellpappe im gleichen Format
- ✓ Schere
- ✓ Bleistift
- ✓ Lineal
- ✓ Cutter
- ✓ 24 Streichholzschachteln
- ✓ evtl. Washi-Tape
- ✓ evtl. Tonpapier
- ✓ evtl. Stoff
- ✓ evtl. Wasserfarben
- ✓ evtl. Heißkleber und Heißklebepistole

Darum geht's

Aus Streichholzschachteln und einer Faltbox entsteht ein wunderbarer Aufgabenspender, der lange Warteschlangen im Klassenzimmer verhindert – und sogar als Adventskalender benutzt werden kann.

So geht's

➞ Schauen Sie sich die Skizze genau an. Beachten Sie die angegebenen Maße genau. Sonst klemmen oder rutschen später die Schachteln.

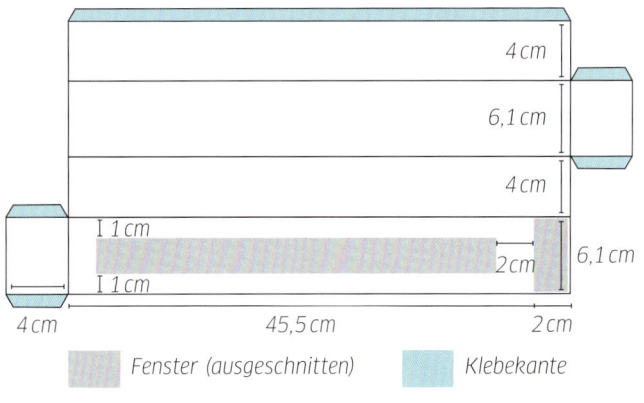

➞ Zeichnen Sie gemäß der Skizze das Schnittmuster für die Aufgabenbox auf Ihr Tonpapier.

PRAKTISCHES FÜR DIE KLASSENORGANISATION

- Schneiden Sie mit der Schere entlang der Außenlinie.
- Falten Sie an den eingezeichneten Linien.
- Schneiden Sie mit dem Cutter die Öffnungen aus dem Tonpapier.

- Kleben Sie die Box zusammen.

- Wenn Sie die Dropbox aufhängen möchten, können Sie als Schlaufe oben einfach den größeren Streifen verwenden, den Sie als Sichtfenster mit dem Cutter herausgeschnitten haben. Kleben Sie die Schlaufe von hinten mit etwas Heißkleber an.

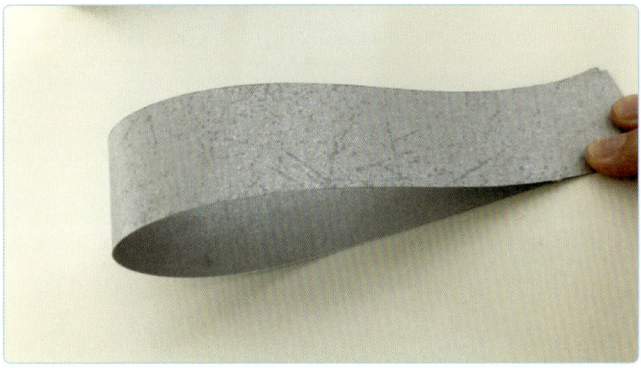

- Bemalen oder bekleben Sie nun jede Streichholzschachtel mit dem Material Ihrer Wahl.
- Lassen Sie alles gut trocknen.
- Öffnen Sie dann die Aufgabenbox und lassen Sie die beklebten Streichholzschachteln hineingleiten.

So verwenden Sie den Aufgabenspender

Jede Streichholzschachtel kann nun mit einer Aufgabe für schnelle Schüler*innen befüllt werden. Das könnte einfach ein Zettelchen mit einer Arbeitsanweisung sein, z. B. „Übe deine Lernwörter!". Es könnte aber auch eine kleine Knobelaufgabe, wie ein Streichholzrätsel, sein. Vorteil dieser Vorrichtung ist, dass die Kinder immer dem Zufall überlassen müssen, welche Aufgaben sie ausführen sollen.

Tipps

▸ Statt Washi-Tape können Sie auch Stoffreste verwenden, die Sie auf die gewünschte Breite zuschneiden und mit etwas Flüssigkleber aufkleben.

▸ Wenn die Box besonders stabil werden soll, verwenden Sie doch einfach starken Karton. Schneiden Sie daraus jede Fläche einzeln mit dem Cutter zu und kleben Sie die Faltstellen mit Malerkrepp zusammen.

Ideen

Adventskalender

Der Aufgabenspender wurde so konzipiert, dass er auch als Adventskalender eingesetzt werden kann. Dazu befüllen Sie die Streichholzschachteln einfach mit kleinen Nachrichten oder anderen Überraschungen. Die Schächtelchen könnten Sie dann mit Nummern oder Namen beschriften.

Aufgabenspender

Sie können die Box auch als Aufgabenspender herstellen. Überlegen Sie gut, wie viele Schächtelchen Sie verwenden möchten. Alle sollten jedoch gleich bemessen sein. Messen Sie Höhe, Breite und Länge der Schachteln. Der dann entstehende Aufgabenspender hat die Höhe der Anzahl der Schachteln mal Höhe einer Schachtel, die Tiefe einer Schachtel und die Breite einer Schachtel. Bei jeder Bemessung sollten Sie eine „Zugabe" von etwa 4 mm geben.

GEBURTSTAGSSTUHL

Aufwand ✵✵ bis ✵✵✵   **Schwierigkeit** ✵✵

So geht's

➥ Überlegen Sie sich, welches Motiv Sie dem Stuhl geben möchten. Denkbar wären ein Thron, Schloss oder ähnliche Dinge.
➥ Rühren Sie den Kleister gemäß der Anleitung auf der Packung an.
➥ Reißen Sie die Zeitung in längere Streifen.
➥ Bekleben Sie den Stuhl mit dem Kleister und der Zeitung. Modellieren Sie Verdickungen, Rundungen oder auch Zacken.
➥ Lassen Sie das Pappmaschee gut austrocknen.
➥ Bemalen Sie den getrockneten Stuhl mit den Acrylfarben. Lassen Sie auch diese gut trocknen.

Darum geht's

Ein alter Stuhl verwandelt sich in einen Geburtstagsstuhl, auf dem das Geburtstagskind an seinem Ehrentag sitzen darf. Eine Upcycling-Idee, die gleichzeitig das Geburtstagsritual der Klasse begleitet.

Material

- ✓ alter Holzstuhl
- ✓ Zeitungen
- ✓ Tapetenkleister
- ✓ Acrylfarben
- ✓ Pinsel
- ✓ Klarlack

➥ Besprühen oder bepinseln Sie den fertigen Stuhl mit dem Klarlack.
➥ Lassen Sie alles gut trocknen.

Ideen

Genähte Stuhlhusse

Mit etwas Geschick verzaubern Sie einen alten Stuhl auch durch eine genähte Stuhlhusse in einen Geburtstagsthron.

Bemalter Stuhl

Sie können aber auch einfach einen alten Stuhl bemalen. Benutzen Sie dazu wieder Acrylfarben und danach Lack, um die Farben haltbarer zu machen. Die Oberfläche des Stuhls sollten Sie vorher erst etwas anschmirgeln, damit sie besser zu bearbeiten ist.

WHO'S NEXT-KLAMMERN

Aufwand ✹   Schwierigkeit ✹

Material
- ✓ Holzkugel mit Loch (hier Durchmesser 6 cm)
- ✓ Rundstab, ca. 25 cm lang
- ✓ Heißkleber und Heißklebepistole
- ✓ Wäscheklammer für jedes Kind
- ✓ Washi-Tape
- ✓ Stift, wasserfest

So geht's
→ Kleben Sie auf die Seitenflächen der Wäscheklammern etwas Washi-Tape.
→ Schreiben Sie auf eine Seite den Namen eines Kindes.
→ Stellen Sie nun den Ständer her, indem Sie den Rundstab mit Heißkleber im Loch der Kugel befestigen.
→ Nach dem Trocknen können die Klammern am Stab befestigt werden.

So verwenden Sie den Ständer
Der Ständer kann beispielsweise anzeigen, wer Ihre Hilfe braucht. Schüler*innen befestigen ihre Klammern am Ständer und kommen entsprechend der Platzierung an die Reihe. Der Ständer kann aber auch als Experten-Ständer verwendet werden. Kinder, die sich sicher genug fühlen, anderen zu helfen, können ihre Klammer am Ständer anbringen und anderen weiterhelfen.

Darum geht's
Um lange Warteschlangen in Ihrem Klassenzimmer zu vermeiden, können Sie in wenigen Minuten ein einfaches, aber wirkungsvolles System herstellen.

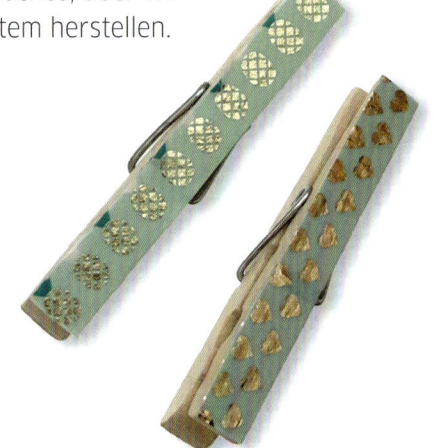

Tipps

→ Alternativ zur Holzkugel eignen sich auch Sockel aus Holz. Diese erhalten Sie im Baumarkt. Kaufen Sie dazu einfach einen dickeren Vierkantstab und bitten Sie das Personal, diesen in die von Ihnen gewünschten Stücke zu zerschneiden. Dieser Service sollte überall kostenlos sein! Den Holzklotz müssten Sie noch anbohren, damit Sie den Rundstab darin befestigen können. Wie im Foto auf dieser Seite gezeigt, können Sie auch Kieselsteine als Sockel verwenden. Diese müssen Sie dann mit einem Steinbohrer anbohren. Alternativ können Sie auch einen Pflanzen-Übertopf nehmen, in dem ein Stecksschwamm steckt.

→ Statt Washi-Tape können Sie Stoffreste verwenden, die Sie auf die gewünschte Breite zuschneiden und mit etwas Flüssigkleber aufkleben.

Kieselsteine: © rufar - stock.adobe.com

Ideen

Geprägte Schmetterlinge

Etwas aufwändiger, aber dafür sehr wirkungsvoll sind diese Schmetterlinge. Die Flügel werden farbig gestaltet. Der Körper besteht aus etwas Prägefolie, die entweder mit dem Punzeisen eingeschlagen oder mit dem Stift geprägt werden kann. Auf dem Körper der Schmetterlinge steht der Name jedes Kindes. Die Schmetterlinge werden mit Heißkleber auf die Wäscheklammern geklebt. Bei dieser Variante muss allerdings der Stab länger sein. Als Fundament eignet sich ein Maurerstein.

Kugel-Wurm

Auch einfach herzustellen sind diese kleinen Würmer. Benutzen Sie dafür entweder Filzkugeln (Durchmesser knapp 2 cm) oder flauschige Bällchen und zwei Wackelaugen. Kleben Sie alles mit Sekundenkleber auf die Wäscheklammer.

IMMERWÄHRENDER KALENDER

Aufwand ✸✸ bis ✸✸✸   **Schwierigkeit** ✸✸✸

Material

- ✓ ausreichend dickes Tonpapier für Ihre gewünschte Würfel- und Quadergröße
- ✓ Schere
- ✓ evtl. Cutter
- ✓ Stift, wasserfest
- ✓ Bleistift
- ✓ Küchenmesser
- ✓ Sekundenkleber
- ✓ 7 Glasmurmeln
- ✓ 1 alter Milchkarton
- ✓ evtl. Stempel
- ✓ evtl. Stempelkissen
- ✓ evtl. Verzierungen
- ✓ Kopiervorlage Würfel/Quader (S. 30)

Darum geht's

In einer etwas länger dauernden und Konzentration erfordernden Faltarbeit stellen Sie einen Kalender her, der Ihnen über viele Jahre viel Freude bereiten wird.

Das bereiten Sie vor

Überlegen Sie, wie groß Ihr Kalender werden soll. Kopieren Sie die Vorlagen zum Falten in der für Sie richtigen Größe. Das gezeigte Beispiel hat Würfel mit der Seitenlänge 6 cm, die Quader sind 12 cm breit und 2 cm dick. Dieses Maß hat sich bewährt. Überlegen Sie sich auch, wie Ihr Kalender aussehen soll. Besorgen Sie entsprechendes Tonpapier.

So geht's

- Übertragen Sie die Vorlage des Würfels 2-mal auf das Tonpapier.
- Übertragen Sie die Quader 3-mal.
- Schneiden Sie die Formen aus.
- Fahren Sie die Knickstellen mit dem Küchenmesser und dem Lineal nach. Das erleichtert Ihnen das exakte Falten. Noch besser eignet sich ein Falzbein.
- Schreiben oder stempeln Sie nun auf die Quadervorlage die Monate (siehe unten). Schreiben Sie auf die Würfel folgende Zahlen: Auf Würfel 1 stehen die Zahlen 0, 1, 2, 7, 8 und 6 (diese wird gedreht zur 9). Auf dem zweiten Würfel stehen 0, 1, 2, 3, 4 und 5.
- Kleben Sie jetzt mit dem Sekundenkleber die Formen zu. Legen Sie vor dem völligen Zukleben in die Quader eine Murmel. Diese hilft Ihnen durch ihr Gewicht, dass Sie die Form besser zukleben können. Außerdem dient die Murmel später zum Beschweren der Form und somit zum Stabilisieren des Kalenders. In die Würfel legen Sie bitte je zwei Murmeln, weil diese größer und somit instabiler sind.

- Nehmen Sie nun den Milchkarton zur Hand. Er wird die Halterung des Kalenders. Teilen Sie ihn einmal der Länge nach mit der Schere oder dem Cutter.

- Schneiden Sie die eine Hälfte des Kartons in zwei Teile.
- Stecken Sie beide Teile wie gezeigt ineinander. Messen Sie ab, wie breit Ihr Kalender sein muss. Schneiden Sie eventuell Überstehendes ab.

▸ Bauen Sie jetzt die Teile gemäß der Bebilderung in den Milchkarton-Ständer.

▸ Schneiden Sie dann den oben überstehenden Rand ab.

▸ Kleben Sie die beiden Milchkarton-Teile noch mit Sekundenkleber aufeinander.

Tipp
Wenn Sie keine Murmeln zur Hand haben, können Sie dafür auch etwas Kleingeld verwenden.

Idee
Adventskalender
Auf die gleiche Art können Sie auch einen Adventskalender herstellen. Sie benötigen dafür drei gefaltete Würfel (Würfel 1 mit den Zahlen: 1, 2, 3, 4, 5, 0; Würfel 2 mit den Zahlen: 1, 2, 6, 0, beliebig, beliebig; Würfel 3 mit den Zahlen: 7, 8, 9, beliebig, beliebig, beliebig) und die Schachtel, nicht aber die Quader (im Beispiel „Kalender" mit Monaten beschriftet).

FALTVORLAGE WÜRFEL

Faltvorlage Würfel

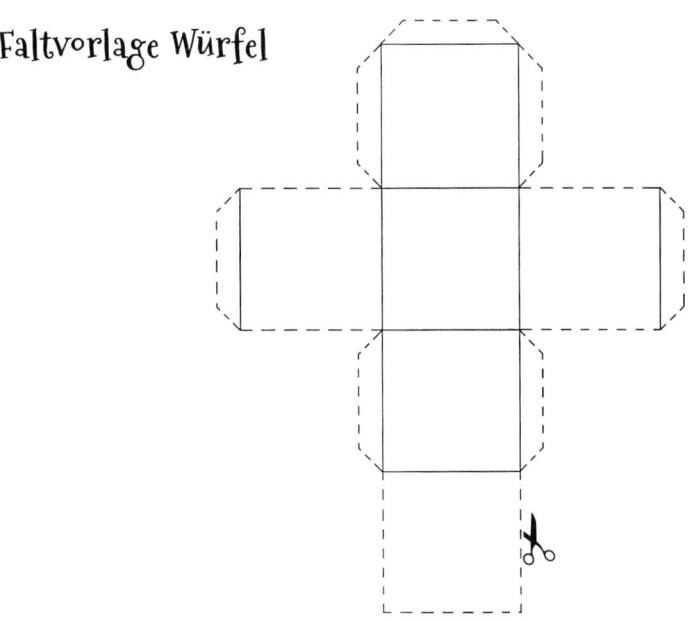

Faltvorlage Quader

Praktisches für Klassenzimmer und Schulhof

FARBENTISCH

Aufwand ✸✸✸ Schwierigkeit ✸✸✸

Material

- ✓ Weichholzbrett, ca. 30 cm breit, Länge individuell
- ✓ Weichholzbrett, ca. 10 cm breit, Länge siehe „Das bereiten Sie vor"
- ✓ Lineal
- ✓ Bleistift
- ✓ Forstnerbohrer mit Aufsatz (5 cm und 6 cm)
- ✓ Schleifpapier
- ✓ Akkuschrauber
- ✓ Holzschrauben
- ✓ Pinsel, Anzahl individuell
- ✓ 2 Holzböcke, klappbar
- ✓ Farbtöpfe in verschiedenen Farbtönen, Anzahl individuell
- ✓ Plastikbecher, Anzahl individuell

Darum geht's

Für einen gut organisierten Kunstunterricht entsteht ein Farbentisch aus Alltagsgegenständen, der drinnen und draußen benutzt werden kann. Mit diesem Tisch sind die Farben und Wasserbecher immer gut sortiert. Mehrere Kinder können gemeinsam die Farben benutzen und sich ganz dem kreativen Vorgang widmen.

Das bereiten Sie vor

Besorgen Sie sich Holzbretter in der gewünschten Länge und mit der angegebenen Breite. Lassen Sie das 30 cm breite Brett im Baumarkt auf die gewünschte Länge (hier z. B. 1,50 m) zuschneiden. Das dünnere 10-cm-Brett lassen Sie bitte in drei Teile zersägen: zwei 10-cm-Stücke und einen Mittelteil (hier 1,20 m). Schleifen Sie alle ausgefransten Sägekanten mit einem Schleifpapier oder -gerät. Überlegen Sie sich, wie viele und welche Farben Sie auf dem Tisch anbieten wollen. Besorgen Sie Farben und in entsprechender Anzahl auch Plastikbecher und Pinsel.

So geht's

➵ Legen Sie das obere große Brett bereit.
➵ Messen Sie zuerst darauf ab, wo Sie die Löcher für die Wasserbehälter und die Farbtöpfchen haben wollen.
➵ Zeichnen Sie die Mittelpunkte der Löcher mit dem Bleistift an. Die Löcher sollten einen ausreichend großen Abstand voneinander und vom Brettrand haben! Er sollte nicht kleiner als 5 cm sein.
➵ Bohren Sie dann mit dem Forstnerbohrer die Löcher von 5 cm (für die Farbtöpfchen) und 6 cm (für die Wasserbehälter) aus dem Brett. Schleifen Sie eventuell fransig gewordene Lochkanten mit dem Schleifpapier.
➵ Auf die Unterseite des lochgebohrten Brettes schrauben Sie nun von unten das schmalere Brett auf. Es wird auf der Seite mit den kleineren Löchern mit dem Akkuschrauber fixiert und verdeckt jetzt von unten die Löcher von 5 cm Durchmesser.
➵ Bemalen Sie nun mit den einzelnen Farbtönen Streifen auf dem Holzbrett und lassen Sie diese gut trocknen.
➵ Legen Sie das „Tischblatt" auf die Holzböcke auf.
➵ Lassen Sie dann in die größeren Löcher die Plastikbecher gleiten.

ORIGAMI-BLATTHALTER

Aufwand ☀   Schwierigkeit ☀

Material
✓ 1 quadratisches Papier 24 x 24 cm

So geht's
➤ Schauen Sie sich die Faltschritte (S. 36 und 37) genau an.
➤ Falten Sie anhand der Faltschritte den Blatthalter. Verwenden Sie dafür eventuell ein Falzbein.

Darum geht's
In wenigen und einfachen Faltschritten entsteht aus einem Papier ein Arbeitsblatt- oder Karten- oder Namensschildhalter. Eine Bastelidee, die Sie sogar mit Kindern ausprobieren können.

Tipp
Beachten Sie bitte die Papiermaße. Wenn der fertige Ständer 12 cm breit sein soll, benötigen Sie 24 x 24 cm Papier. Das reicht, um eine Karte – wie im gezeigten Beispiel – hochkant aufzustellen. Wenn Sie größere Blätter oder Karten aufstellen möchten, rechnen Sie einfach die Breite mal zwei.

So verwenden Sie den Halter

Kartenhalter
Wenn Kinder beispielsweise Spielkarten nicht gut halten können, eignet sich der Origami-Blatthalter.

Dienstehalter
Wenn Sie einen „Aufgabenlauf" durchführen möchten, können Sie die jeweiligen Aufgaben für die einzelnen Dienste auch mit einem solchen Ständer aufstellen. Das können beispielsweise bestimmte Aufräumdienste o. Ä. sein.
Stellen Sie das Diensteblatt mit den Aufgaben der Dienste auf den Halter. Das Kind kommt und liest die Aufgabe, geht an seinen Platz und erledigt sie. Der gefaltete Halter wird zu einer kostengünstigen Alternative zu Bilderrahmen, Ständern oder Ähnlichem.

Geburtstagsritual
Das Geburtstagskind erhält einen kleinen Geburtstagsgruß in Form einer Karte von Ihnen. Diese können Sie vor Unterrichtsbeginn an den Platz des Kindes stellen.

Fotomeile
Sie können den Ständer als Halterung für Fotos, kleine Bastelergebnisse oder auch kleine Zeichnungen der Kinder verwenden. Wenn Sie Bildergeschichten erzählen und die einzelnen Bilder vorher laminieren, können Sie mit mehreren solcher Ständer die ganze Geschichte vor den Kindern aufstellen.

Rechenleiste
Kleine Rechnungen können ebenfalls in diesen Ständer gesteckt werden. Anstelle einer Setzleiste verwenden die Kinder diese Leiste. Sie stecken Aufgaben hinein und benötigen dafür lediglich Zahlenkärtchen und Rechenzeichenkärtchen, die Sie ganz einfach aus festerem Karton ausschneiden und beschriften können.

Namensschild
Auch die Namensschilder der Kinder können Sie so aufstellen.

Nachrichtenhalter fürs Lehrerzimmer
Kleine Nachrichten an Kolleg*innen können Sie ganz einfach in diesen kleinen, gefalteten Ständer stecken.

Rückseite   *Vorderseite*

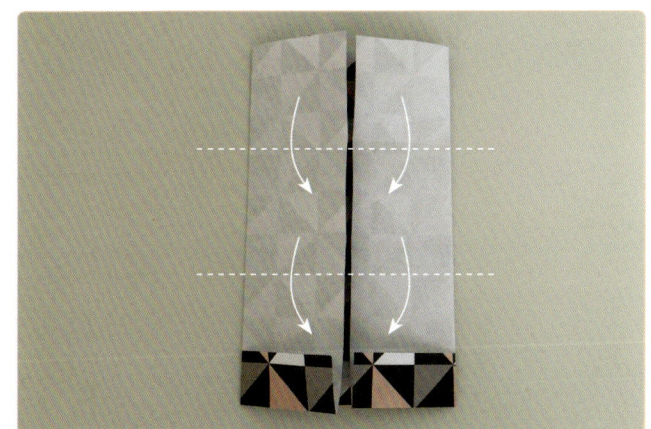

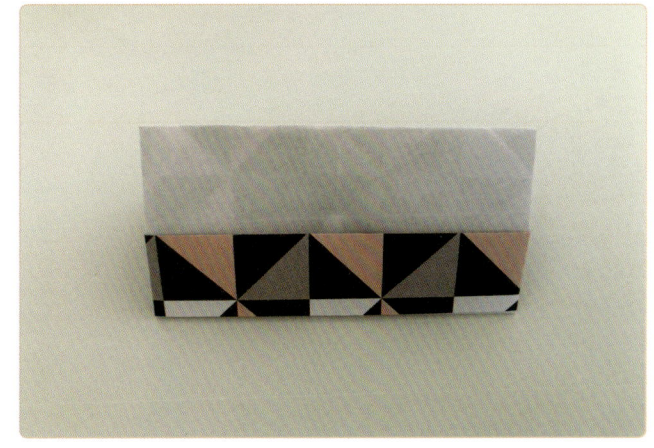

PRAKTISCHES FÜR KLASSENZIMMER UND SCHULHOF

PINSELTROCKNER

Aufwand ✹   Schwierigkeit ✹

Material
- ✓ Karton, stabil
- ✓ Klebeband, stabil
- ✓ Cutter
- ✓ Wäscheklammern
- ✓ Heißkleber und Heißklebepistole
- ✓ Kunststoffbehälter

So geht's
→ Kleben Sie mit dem Klebeband die bereits geöffnete Kartonverpackung wieder zu. Sie sollte stabil stehen.
→ Schneiden Sie mit dem Cutter ein „Fenster" in die Vorderseite. Schneiden Sie nur an den beiden Seiten und oben, denn der gelöste Teil wird aus Stabilitätsgründen nach vorn geklappt.

Darum geht's
Pinsel liegen nach dem Malen oft im Weg, wenn sie trocknen sollen. Im Folgenden wird die Entstehung eines Pinseltrockners beschrieben, der die Malutensilien fest im Griff hat. Es werden zwei verschiedene Versionen gezeigt, die beide ganz einfach herzustellen sind.

Wäscheklammern: © GoodMood Photo - stock.adobe.com

⇨ Wiederholen Sie diesen Vorgang auch für die hintere Seite des Kartons.

Tipps

⇨ Sehr gut geeignet sind Verpackungen von Spülmaschinentabs. Der Karton misst häufig 24 x 19 x 7 cm und ist sehr stabil.
⇨ Als „Auffangbecken" für das Wasser eignen sich beispielsweise leere Eisverpackungen.
⇨ Bei manchen Kartons halten die Klammern wegen des Aufdrucks nicht gut. Sollte das bei Ihnen der Fall sein, können Sie die Wäscheklammern auch mit Schrauben und Muttern befestigen.

⇨ Kleben Sie die Wäscheklammern mit Heißkleber fest. Achten Sie beim Kleben darauf, dass Sie nur einen Holzteil der Klammer mit Kleber bedecken, denn sonst lässt sich die Klammer nicht mehr öffnen und schließen.
⇨ Stellen Sie dann das Auffangbecken in den Pinseltrockner.

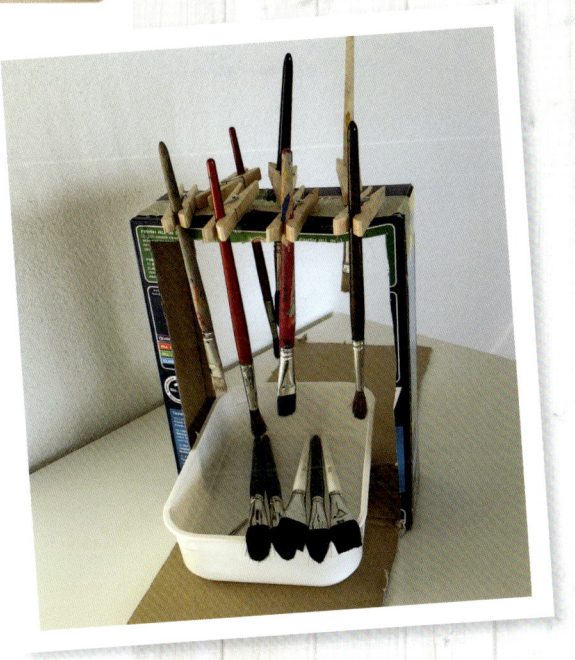

SAMMLER AUS KANISTERN

Aufwand ✸✸   Schwierigkeit ✸✸

Das bereiten Sie vor
Überlegen Sie sich, welche Dinge Sie in dem Kanister verstauen möchten. Suchen Sie sich dann ein passendes Regal aus, auf die später die kleinen „Schübe" gelegt werden sollen. Kaufen Sie die passende Anzahl an Kanistern. Die Kanister sollten ebene Flächen haben, damit sie gut stehen.

So geht's

➞ Schneiden Sie den Kanister mit der Handsäge wie im Bild gezeigt auseinander. Entfernen Sie den Teil mit dem Schraubverschluss.

➞ Entgraten Sie die Schnittkante eventuell mit dem Schleifpapier.

Darum geht's
Aus alten Plastikkanistern entstehen einfach herzustellende Aufbewahrungsboxen mit Griff.

Material
- ✓ Plastikkanister
- ✓ Handsäge
- ✓ evtl. Schleifpapier
- ✓ evtl. Washi-Tape, breit
- ✓ evtl. Verzierungen
- ✓ evtl. Schere
- ✓ evtl. Beschriftungsgerät- und Tape

Säge: © My Images - Micha - Shutterstock.com, Kanister: © Jeerayut Rianwed - Shutterstock.com

- Kleben Sie die Schnittkante mit dekorativem Washi-Tape ab oder bringen Sie sonstige Verzierungen (hier selbst gemachte Wimpel) an.
- Beschriften Sie die kleine Schublade mit dem Beschriftungsgerät.
- Verfahren Sie mit weiteren Kanistern genauso und stellen Sie diese dann in das dafür vorgesehene Regal. Die Kanister können jetzt nach Belieben gefüllt werden.

Tipp
Zum Entgraten der Kanten können Sie auch ein altes Bügeleisen verwenden. Einfach erhitzen und damit über den brüchigen Rand fahren.

Idee
Die Kanister können aber auch – ganz rustikal – wie Kunststoffboxen verwendet werden. Zum einfachen Beschriften eignen sich Malerkrepp und ein wasserfester Stift.

Wimpelkette: © Jan Engel - stock.adobe.com

Kunststoffflaschen-Sammler

Auch ausgediente Kunststoffflaschen von Waschmitteln oder Shampoos eignen sich als Sammler. Sie sind leichter zu schneiden als Kanister. Man verwendet dazu einen Cutter.

Schneidet man den Hals ab, verwendet man sie stehend. Möchte man sie liegend verwenden, schneidet man den oberen Teil ab. Je nachdem, ob man etwas damit transportieren möchte, lässt man den Griff dran.

Will man einige solcher Sammler nebeneinander verwenden, bohrt man sie an der Seite an und verbindet die Flaschen mit einer Schraube und einer Mutter. Diese Sammler eignen sich für kleinere Bastelmaterialien, wie Leimstifte, Stifte, Scheren etc.

Hier wurden kleine Schweinchen gemacht, indem die Ohren aus Filz mit Bastelleim angeklebt wurden, ein Ringelschwänzchen aus Pfeifenputzer anmontiert und das Gesicht aufgezeichnet wurde.

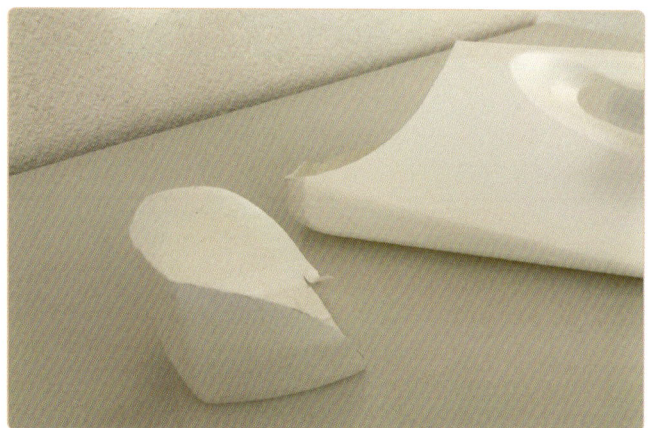

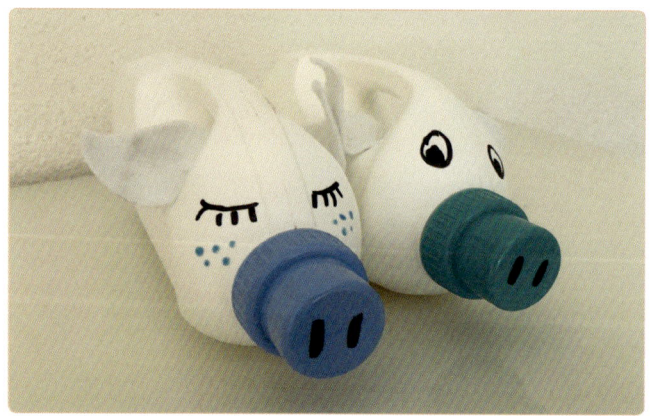

SCHERENPARKPLATZ/LEIMNEST

Aufwand ☀   Schwierigkeit ☀

Material
- ✓ Chipsdose
- ✓ Cutter
- ✓ Flüssigleim
- ✓ Wollreste oder Paketband, naturfarben
- ✓ Schere
- ✓ evtl. Dekoration (Filzreste, Pailletten, Perlen mit Loch)
- ✓ evtl. Nähnadel
- ✓ evtl. Nähgarn

Das bereiten Sie vor
Reinigen Sie die Chipsdose von innen. Lassen Sie sie gut trocknen.

Darum geht's
Schluss mit dem Suchen nach der Schere oder dem Leim! Mit etwas Geschick und nur wenig Zeitaufwand stellen Sie aus einer Chipsdose eine stabile Aufbewahrungsmöglichkeit für Leimstifte und Scheren der Kinder her.

So geht's
- ▸ Schneiden Sie mit dem Cutter die Chipsdose in der Höhe eines Leimstiftes (ca. 10 cm) oder einer Schere ab. Achten Sie darauf, dass der Boden der Dose dranbleibt.
- ▸ Bekleben Sie die Außenfläche der Dose mit Flüssigleim.
- ▸ Legen Sie die Wollreste in kreisrunden Bewegungen um die Chipsdose. Achten Sie darauf, dass die Abstände zwischen den einzelnen Wolllagen klein sind.
- ▸ Lassen Sie alles trocknen.
- ▸ Verzieren Sie das Leimnest bzw. den Scherenparkplatz nach Belieben.

Wolle: © Barbara Pheby – stock.adobe.com, Nähgarn: © Pauchi – stock.adobe.com

So verwenden Sie das Leimnest

Das Leimnest steht bei jedem Kind auf oder unter dem Pult. Die nötigen Utensilien „schlafen" darin. Werden sie benötigt, können sie einfach genommen werden. Nach der Benutzung „fliegen" sie wieder in ihr Nest zurück und „schlafen" weiter. Das Bild des Nestes zeigt den Kindern deutlich, dass die Utensilien immer wieder einen sicheren Rückzugsort brauchen.

Idee

Leimnest aus WC-Rollen

Wenn Sie wenig Platz oder einfach keine Chipsdosen zur Hand haben, können Sie die Leimnester auch aus leeren WC-Rollen herstellen. Dann müssten Sie allerdings den Boden zukleben und für mehr Stand-Stabilität einen Bierdeckel als Fuß ankleben. Dafür benötigen Sie Heißkleber.

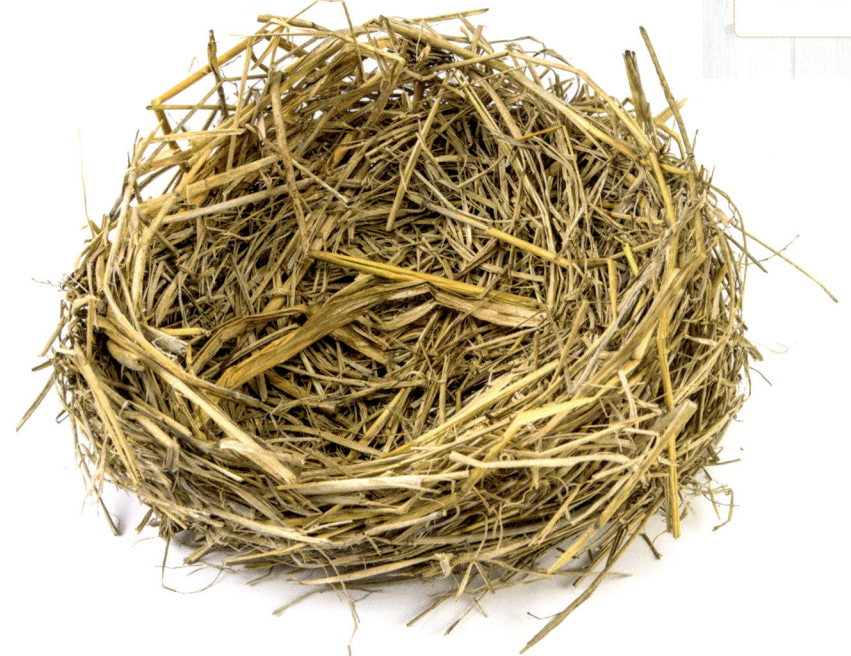

PAUSENREGEL-STELLVERTRETER

Aufwand ✸✸✸   Schwierigkeit ✸✸

Material pro Figur

- ✓ PET-Flasche
- ✓ Nagel, ca. 6 cm
- ✓ Hammer
- ✓ Modelliermasse, lufttrocknend
- ✓ ca. 20 cm Elektrikerdraht, ummantelt
- ✓ 2 Pailletten
- ✓ Stifte, wasserfest (schwarz und weiß)
- ✓ Wollreste, dick
- ✓ Stoffreste
- ✓ Schere
- ✓ Bastelkleber
- ✓ Nadel
- ✓ Faden
- ✓ diverse Dekorationen (s. S. 47)
- ✓ Heißkleber und Heißklebepistole

Darum geht's

In jeder Jahreszeit gibt es typische Pausenregeln. Aus diversen Materialresten stellen Sie – passend zu jeder Jahreszeit – ca. 30 cm hohe Figuren her, die schön anzusehen sind und gleichzeitig eine wichtige Erinnerungsfunktion für die Pausen erfüllen.

Das bereiten Sie vor

➥ Reinigen Sie die PET-Flasche und lassen Sie sie trocknen.
➥ Sammeln Sie zuvor die speziellen Dekorationen, die zur jeweiligen Jahreszeit passen.

So geht's

- Schrauben Sie den Deckel der Flasche fest.
- Schlagen Sie mit dem Hammer einen Nagel in die runde Oberfläche des Deckels. Er sollte noch etwa 3 cm herausschauen.
- Modellieren Sie den Kopf der Figur aus der Modelliermasse. Der Nagel dient als Befestigung des Kopfes. Formen Sie auch Nase, Ohren und Mund.
- Drücken Sie die Pailletten als Augen ein.
- Malen Sie mit dem schwarzen und dann mit dem weißen Stift Punkte auf die Pailletten. Diese erscheinen als Augen und wirken fast plastisch (drücken Sie bei Herbst und Frühling die Pflanzenteile direkt mit dem Stiel voran in die Modelliermasse. Durch das Trocknen werden diese befestigt.
- Formen Sie aus der Masse auch zwei Hände. Drücken Sie diese in die beiden Enden des Elektrikerdrahts.
- Umwickeln Sie den Draht nun mit den Wollresten. Auf diese Weise entstehen die Arme.

- Lassen Sie den Kopf und die Arme 24 Stunden lang trocknen.
- Gestalten Sie nun den Körper der Figur. Bekleben Sie dazu die Flasche mit Bastelkleber und wickeln Sie den Stoff darum.
- Stellen Sie nach Belieben Kleider für die Figur her.
- Kleben Sie dann alle weiteren Utensilien (wie Blüten, Krone etc.) mit dem Heißkleber an.

So verwenden Sie die Figuren
Schreiben Sie ein kleines Schild mit der entsprechenden Regel. Laminieren Sie es und stellen oder hängen Sie es neben die Figur.

Tipp
Am besten verwenden Sie für diese Bastelarbeit bauchige PET-Flaschen, wie man sie beispielsweise von Fruchtsäften kennt. Sie stehen gut und entsprechen in ihrer Form dem leicht birnenförmigen Körper der Figuren.

Ideen für Regeln
Winter: Schneeballregeln
Frühling: Umgang mit Blumen und Tieren
Herbst: Schuhe gut abtreten
Sommer: Sand gut aus der Kleidung schütteln

MINI-SCHREIBTAFEL

Aufwand ✹   Schwierigkeit ✹

Material

- ✓ Pizzaschachtel, aufklappbar
- ✓ Wandtafelfolie, aufklebbar
- ✓ Lineal
- ✓ Schere
- ✓ evtl. Cutter
- ✓ Karton ohne Rillen (in der Größe des Pizzakartondeckels)
- ✓ Heißkleber und Heißklebepistole
- ✓ Tafelkreide, weiß
- ✓ evtl. Naturschwamm, klein

Das bereiten Sie vor

Besorgen Sie ausreichend viele Pizzaschachteln. Falls Sie eine bedruckte Schachtel haben, sollten Sie diese zuvor mit einer einheitlichen Farbe grundieren.

Darum geht's

In wenigen Handgriffen entstehen persönliche Mini-Schreibtafeln für die Kinder, die den Vorteil haben, dass sie nicht zerbrechen und kostengünstig sind. Durch die Möglichkeit des Aufklappens regen sie Kinder zum genauen Hinschauen und Merken an.

So geht's

- Schneiden Sie den rillenlosen Karton in der Größe des Pizzakartondeckels zu.
- Messen Sie die Wandtafelfolie so ab, dass sie den rillenlosen Karton komplett verdeckt.
- Schneiden Sie die Folie zu.
- Kleben Sie die Folie auf den rillenlosen Karton.
- Kleben Sie jetzt mit dem Heißkleber den Wandtafelfolien-Karton auf den Pizzaschachtel-Deckel.
- Legen Sie eine Kreide als Schreibwerkzeug und evtl. einen kleinen Naturschwamm zum Reinigen der Tafel in die Schachtel.

So verwenden Sie die Mini-Schreibtafeln

In der Tafel befinden sich Zusatzkarten. Auf den Karten für kleine Kinder sind z. B. Muster oder erste Buchstaben, auf den Karten für ältere Kinder Wörter in verbundener Schrift oder auch Wörter, die geübt werden müssen: Das Kind klappt die Tafel auf, prägt sich das Gesehene gut ein, klappt die Tafel zu und schreibt. Auf diese Weise müssen die Kinder eine Merkleistung vollbringen und üben spielerisch den Lernstoff.

Schwamm: © Svetlana Zhukova – Shutterstock.com, Ente: © Anja Boretzki, Karten: © Verlag an der Ruhr

LETTERBOARD

Aufwand ✸   Schwierigkeit ✸

Material
- ✓ Holzbrett, Maße individuell
- ✓ Nägel, mindestens 4 cm lang
- ✓ Hammer
- ✓ 2 Bildernägel
- ✓ Postkarte
- ✓ Paketschnur, ca. 40 cm

Darum geht's

Einen Nagel gerade einschlagen kann jeder. Aber hier entsteht ein Designobjekt aus krummen Nägeln: Ein Letter- oder Kartenboard. Dieses Board eignet sich als Deko-Kartenboard oder auch als Aufbewahrungsort für „herrenlose" Arbeitsblätter, Freiarbeitsposten u. v. m.

Das bereiten Sie vor

Überlegen Sie sich, wofür Sie das Board verwenden möchten. Wenn Sie beispielsweise Postkarten daranhängen wollen, sollten Sie sich eine Postkarte als Referenzgröße besorgen. Das Gleiche gilt auch für laminierte Blätter.

So geht's

- Legen Sie die Karte an der Stelle auf die Vorderseite des Brettes, wo sie später hängen soll.
- Hämmern Sie nun die Nägel so in das Brett, dass sie die Karte später halten könnten. Verfahren Sie mit weiteren Karten/Nägeln genauso.

- Wenn alle Haltenägel auf der Vorderseite eingeschlagen sind, geht es an die Befestigung des Letterboards. Schlagen Sie dazu auf der Rückseite oben rechts und links je einen Nagel ein.
- Befestigen Sie daran die Paketschnur durch Anknoten. An dieser Schnur wird später das Board an die Wand gehängt.

Idee

Besonders schön sieht es aus, wenn man Altholz als Board verwendet. Man erhält es beim Schreiner.

Kalenderbrett

Lustig ist es auch, wenn Sie auf diese Weise einen Kalender herstellen. Verwenden Sie dafür beispielsweise die Bildkarten vom Verlag an der Ruhr. Schlagen Sie in der passenden Abmessung Nägel ein für Tag, Monat, Jahr, Wetter etc. Auf diese Weise begleitet das Letterboard dann Ihr tägliches Ritual.

Nägel: © victoriaKh – Shutterstock.com

ARBEITSBLATT-FRESSERCHEN

Aufwand ❋   Schwierigkeit ❋

Das bereiten Sie vor

Überlegen Sie zuvor, ob Ihr Arbeitsblatt-Fresserchen farbig werden soll oder nicht. Falls ja, besorgen Sie bitte Holzfarbe, einen Borstenpinsel und Malerkrepp. Das benötigen Sie nicht, wenn der Bügel holzfarben bleibt.

So geht's

➥ Wenn Ihr Kleiderbügel farbig werden soll, umkleben Sie zuerst den metallenen Aufhängebügel mit Malerkrepp. Das soll verhindern, dass Sie den Bügel anfärben.

Darum geht's

In nur wenigen Handgriffen entsteht aus einem Kleiderbügel eine Station für namenlose Arbeitsblätter: das Arbeitsblatt-Fresserchen.

Material

- ✓ 1 Holz-Kleiderbügel mit Querschiene
- ✓ 2 Wäscheklammern
- ✓ 2 Wackelaugen
- ✓ 1 Holzrondelle oder Holzkugel
- ✓ Heißkleber und Heißklebepistole
- ✓ evtl. Holzlack
- ✓ evtl. Borstenpinsel
- ✓ evtl. Malerkrepp
- ✓ evtl. Verzierungen (Glimmer, Federn, Wolle etc.)

➥ Bemalen Sie dann den Bügel mit der Holzfarbe. Lassen Sie die Farbe gut trocknen. Alternativ könnten Sie auch Spraylack verwenden. Aber mit Blick auf die Umwelt verwenden wir hier keine Spraydose.

▸ Befestigen Sie jetzt mit dem Heißkleber die Wackelaugen, die Rondelle und die Wäscheklammern am Kleiderbügel. Achten Sie bei den Klammern darauf, dass ihr Abstand etwa dem eines DIN-A4-Blattes entspricht, also etwa 20 cm.
▸ Nun können Sie Verzierungen, wie Glimmer, Wolle (als Haare) etc., anbringen und dem Arbeitsblatt-Fresserchen Ihre ganz persönliche Note verleihen.

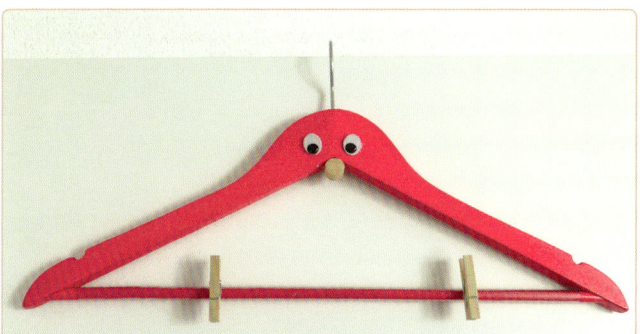

So verwenden Sie das Arbeitsblatt-Fresserchen

Der Bügel ist an der Tafel, am Türrahmen oder auch am Heizkörper problemlos aufhängbar. Erzählen Sie den Kindern, dass das Arbeitsblatt-Fresserchen ständig hungrig ist und auf der Suche nach Nahrung – namenlosen Arbeitsblättern. Mit seinen zwei starken Schneidezähnen schnappt es jedes namenlose Blatt. Die Kinder können ihr Blatt vor dem Fresserchen retten, indem sie stets ihren Namen auf dem Blatt notieren, bevor sie mit der Arbeit anfangen.

Idee

Der Bügel ist auch zum Zeigen von gelungenen Arbeiten, Postern oder zum Aufhängen von Lösungsblättern geeignet. Möchten Sie den Bügel so verwenden, geben Sie ihm doch einfach einen anderen Namen.

Wichtig

Nicht geeignet ist diese Art der Aufhängung zum Trocknen von Malarbeiten. Denn durch das aufrechte Aufhängen würde die flüssige Farbe einfach herunterlaufen und das Bild wäre zerstört.

MUT-WUT-BALL

Aufwand ✸   Schwierigkeit ✸

Material
- ✓ 3 oder mehr Luftballons (evtl. mit aufgedrucktem Gesicht)
- ✓ Trichter, klein
- ✓ 1 Esslöffel
- ✓ ca. 3 EL Reis, Linsen, Mehl, Grieß oder Sand
- ✓ Schere

So geht's
➤ Blasen Sie den ersten Luftballon einmal auf und lassen Sie die Luft wieder entweichen. Das macht den Ballon biegsamer und geschmeidiger. So lässt er sich leichter befüllen.
➤ Ziehen Sie jetzt den Nippel, an dem Sie sonst aufblasen, über den Trichter.
➤ Geben sie nun mit dem Esslöffel immer wieder das Füllmaterial in den Trichter und lassen Sie es in den Ballon rieseln. Wenn der Ballon schon voller ist, lohnt es sich, den Blasnippel von Zeit zu Zeit anzuziehen, damit das Material in den Ballon gelangt.

Darum geht's
Aus ein paar Luftballons und abgelaufenen Lebensmitteln entsteht ein kleiner Ball, der große Wirkung erzielt. Ob als Mut-Wut-Ball für die Gefühlsregulation, als Greifling zur Schulung der Handmotorik, als Jonglierball oder kleiner Wurfball – der blitzschnell hergestellte Ball kann sehr vielseitig eingesetzt werden.

- Wenn der Ballon die gewünschte Größe bzw. Füllung hat, knoten Sie ihn zu.
- Schneiden Sie den Nippel etwas ab, damit keine Wulst entsteht.
- Schneiden Sie vom zweiten Luftballon den kompletten „Blastrakt" ab. Wiederholen Sie das auch beim dritten Ballon.
- Stülpen Sie jetzt den zweiten Ballon über den befüllten. Beginnen Sie auf der Seite, wo der Knoten ist. Durch das Überstülpen wird der Knoten verdeckt und der Ballon stabiler. Wiederholen Sie das mit dem dritten Ballon.

So setzen Sie den Ball ein

Mut-Wut-Ball
Es gibt Kinder, die Konflikte schlecht allein lösen können. Ihnen hilft der Mut-Wut-Ball, indem das Kind den Ball (oder auch zwei) in die Hand nimmt und ihn knetet, kneift, evtl. sogar auf den Tisch wirft. So sorgt der Ball dafür, dass das Kind seine Wut nicht an anderen Kindern auslässt, sondern an seinem kleinen Freund. Dieser lächelt ihn danach mit seinem aufgedruckten Gesicht wieder an, wenn die Wut verflogen ist.

Greifling
Kinder, die mit der Handmotorik Schwierigkeiten haben, können den Ball kneten. Dies sorgt dafür, dass die Handmuskulatur gelockert und gestärkt wird. Den Greifling nutzen auch gern Schreibanfänger*innen, deren Hände rasch ermüden.

Spielball
Auch im Sportunterricht oder auf dem Schulhof kann der Ball eingesetzt werden. Und zwar als Wurfball, beispielsweise bei Zielspielen, oder auch als Fußball-Kunststücke-Ball für Kinder, die gern ihr fußballerisches Geschick unter Beweis stellen. Wenn Sie mit wetterfester Farbe auf dem Schulhof eine Zielscheibe auf den Boden malen und Zahlen dazu, können die Kinder in den Pausen ihre Treffsicherheit unter Beweis stellen.

Jonglierball
Wenn Kinder beim Turnen oder in der Pause jonglieren möchten, benötigen sie drei oder vier solche Bälle.

Alternative Idee

Wenn Sie den Mut-Wut-Ball statt aus Ballons aus einem alten Tennisball machen, ihm mit einem Cutter einen Mund einschneiden und Augen aufmalen oder -kleben, kann das wütende Kind den Ball drücken und erhält ein Lächeln zurück. Dies vertreibt nicht nur schlechte Laune, sondern trainiert auch die Handmuskulatur.

Mit der Tennisball-Version können Kinder den Greifling auch Gegenstände, wie Filzkugeln etc., „auffressen" lassen.

PLAUDERTEPPICH

Aufwand ✸✸✸   Schwierigkeit ✸✸

Darum geht's

Aus textilen Materialien, Naturmaterialien und Spielfiguren aus Holz oder Kunststoff entsteht ein Teppich, der zum Erzählen anregt und die Fantasie schult.
Für diese Bastelarbeit sind nicht unbedingt Nähkenntnisse erforderlich, denn es kann alternativ auch mit Textilkleber gearbeitet werden.

Material

- ✓ Skizzenblatt für Notizen
- ✓ Bleistift
- ✓ altes Tischtuch aus Baumwolle
- ✓ Bastelfilz
- ✓ Stoffreste
- ✓ Stoffschere
- ✓ Nähgarn
- ✓ Nähnadel
- ✓ Textilkleber zum Aufbügeln
- ✓ Bügeleisen
- ✓ Figuren zum Spielen

So geht's

➤ Überlegen Sie zuerst, welche Geschichte Sie spielen möchten. Notieren Sie sich wichtige Schauplätze der Geschichte, z. B. Haus, Wald, See, Straße.
➤ Zeichnen Sie ggf. diese Dinge vor.
➤ Legen Sie das Tischtuch vor sich aus. Es bildet die Grundlage des Teppichs.
➤ Schneiden Sie alle Einzelteile aus: Legen Sie diese auf den gewünschten Platz auf das Tischtuch.
➤ Nähen oder bügeln Sie die Einzelteile auf dem alten Tischtuch fest.

Garnrolle: © Claudia Paulussen – stock.adobe.com, Bügeleisen: © janvier – stock.adobe.com

So verwenden Sie den Teppich

Führen Sie am besten zuerst den Teppich ein, indem Sie die Plätze darauf erklären. Zeigen Sie die Figuren und Materialien, wie Blümchen, Korb, Steine etc. Erzählen Sie entweder einmal die Geschichte selbst und spielen Sie dazu – oder überlassen Sie das den Kindern. Wenn die Kinder sich fit fühlen, die Geschichte auch anderen zu erzählen, könnten sie beispielsweise die Geschichtenschuhe von S. 14 anziehen und die Geschichte ihrer Klasse vorspielen.

Haus von Rotkäppchen
Wald
Blumenwiese
Haus der Großmutter

Ideen

Aufbewahrung

Am besten bewahren Sie den Teppich und die Utensilien gemeinsam auf. Dafür eignen sich ein Säckchen oder Kinderkoffer. Für Klassen, die lesen können, ist es schön, wenn ein Minibuch der Geschichte mit im Säckchen/Koffer liegt.

Figuren

Die Figuren zum Spielen können Sie fertig kaufen. Sie können sie jedoch auch (mit den Kindern) selbst herstellen. Blanko-Holzfiguren können mit Bastelfilz und Wolle gestaltet werden.

PRAKTISCHES FÜR KLASSENZIMMER UND SCHULHOF

KOPFHÖRER-DOMIZIL

Aufwand ✹   Schwierigkeit ✹ ✹

Material

- ✓ Kartonrohr, Durchmesser 10 bis 15 cm
- ✓ Bleistift
- ✓ Kreissäge
- ✓ Malerkrepp
- ✓ Flachsseil, in gewünschter Länge
- ✓ Heißkleber und Heißklebepistole
- ✓ Dekoblüten

Darum geht's

Viele Kinder sind leicht ablenkbar. Die Lösung dieses Problems: ein Kopfhörer als Hinhör-Stopp. Aus einem Stück Kartonrohr und etwas Kreppband entsteht eine dekorative und individuelle Aufbewahrungsmöglichkeit für diesen Kopfhörer, die zusätzlich auch noch hygienisch ist.

So geht's

➤ Zeichnen Sie mit Bleistift an, wo Sie das Kartonrohr sägen möchten. Das Stück sollte etwa 2 bis 3 cm breit sein.

➤ Schneiden Sie das gewünschte Stück mit der Säge ab.

➤ Umkleben Sie es vollständig mit Malerkrepp. Achten Sie darauf, dass kein Karton mehr zu sehen ist.

➤ Knoten Sie etwas Flachsseil in der gewünschten Länge um das umwickelte Rohrstück.

➤ Dekorieren Sie jetzt diesen Ring, indem Sie die Dekoblüten nach Ihrem Geschmack ankleben.

Tipp

Kartonrohre erhalten Sie in Firmen, die Teppiche oder Gardinen herstellen. Oft geben diese Firmen die Rollen gern gratis ab.
Sie können die Kopfhörer-Domizile für jedes Kind individualisieren, indem Sie das Kind fragen, was es gern mag. Auf diese Weise landen vielleicht Legosteinchen, Strasssteinchen, Spielzeugautos oder auch Dekoherzen auf dem Ring.

Ideen

Befestigung

Das Kopfhörer-Domizil können Sie ganz einfach an einem Ast aufhängen. Es sieht nämlich sehr dekorativ aus, wenn mehrere solcher hängender Domizile nebeneinander an einem Ast festgeknotet sind. Zum Aufhängen eignen sich aber auch Haken an der Wand.

Weidenring

Als Basis des Kopfhörer-Domizils können Sie auch einen Ring aus Weiden benutzen, den Sie dekorieren können.

Foto: © Lesina Oxana – Shuttersock.com

PRAKTISCHES FÜR KLASSENZIMMER UND SCHULHOF

MAGNETISCHE GETRÄNKEKARTON-BOXEN

Aufwand ✸✸   Schwierigkeit ✸✸

Material
- Getränkekarton, quaderförmig
- Cutter
- Lineal
- Stoff
- Weißleim, flüssig
- Schere
- einige Wäscheklammern
- Heißkleber und Heißklebepistole
- starke Magnete, flach (oder Magnetband)
- evtl. Dekoration

Das bereiten Sie vor
- Spülen Sie den Getränkekarton gut aus. Lassen Sie ihn gut trocknen.
- Besorgen Sie ausreichend starke Magnete.

Darum geht's
Aus einem Getränkekarton entstehen Materialboxen, die Sie an jeder magnetischen Wand anbringen können. Alternativ wird eine andere Aufhängmöglichkeit vorgestellt.

So geht's

→ Legen Sie den Getränkekarton quer vor sich hin.
→ Schneiden Sie mit dem Cutter entlang der beiden kurzen und einer langen Kante.
→ Klappen Sie die so entstehende Lasche nach oben.
→ Bestreichen Sie die vorderen drei Seiten und die Unterseite mit reichlich Weißleim. Die hintere Seite wird nicht beklebt.
→ Messen Sie ab, wie viel Stoff Sie benötigen.
→ Schneiden Sie den Stoff zu. Er sollte vorn und seitlich etwas über den Rand gebeugt werden können.
→ Bekleben Sie nun die Box mit dem Stoff.

→ Befestigen Sie die überstehenden Stoffstücke mit ein paar Wäscheklammern.
→ Die Wäscheklammern können Sie nach dem Trocknen abnehmen.
→ Verzieren Sie die Vorderseite nach Belieben. (Im gezeigten Beispiel wurden die Boxen mit den Bastelsachen gestaltet, die sich darin befinden. Der oben überstehende Rand, den man auch als Deckel benutzen könnte, wurde abgeschnitten.)
→ Kleben Sie auf der Hinterseite mit Heißkleber die Magnete an. Am besten ist es, wenn Sie die Magnete an den beiden oberen Ecken oder das Magnetband am oberen Rand fixieren.

So verwenden Sie die Magnetboxen

Diese Boxen können Sie für kleinere Bastelutensilien, wie Scheren, Stifte, Post-its, Leimstifte, Wollreste, oder für laminierte Freiarbeitsmaterialien verwenden. Die kleineren Boxen eignen sich für Spielmaterialien, wie Würfel, Spielfiguren etc.

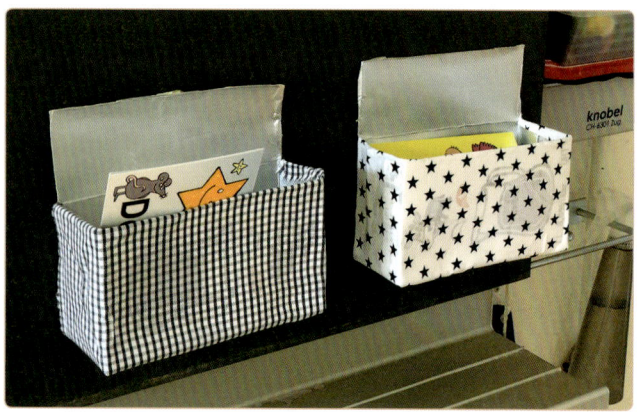

Ideen

Aufhängung mit Ösen

Wenn Sie keine oder wenige Magnetflächen haben, können Sie die Getränkekarton-Boxen auch aufhängen, wie Sie es von Plakaten oder Labels kennen: mit Ösen. Pressen Sie dazu einfach Ösen mit der Ösenzange in den oberen Rand. Sie können die Boxen dann bequem mit einem Nagel aufhängen. Ösen gibt es im Baumarkt zu kaufen.

Kleinere Magnetboxen

Wenn Sie kleinere Magnetboxen als das gezeigte Beispiel benötigen, können Sie die Getränkekartons anders aufschneiden. Aus Milchtüten mit quadratischer Grundfläche lassen sich würfelförmige Boxen herstellen, indem man einfach den unteren Teil des Getränkekartons verwendet.

BABYGLÄSER-KLEINKRAM-ORGANISATOR

Aufwand ✸✸   Schwierigkeit ✸✸✸

Material

- ✓ Babygläser mit Schraubverschluss
- ✓ pro Babyglas 2 Schrauben, passend zur Dicke des Holzes
- ✓ pro Babyglas 2 Unterlegscheiben
- ✓ Handbohrer
- ✓ Akkuschrauber oder Schraubenzieher
- ✓ Vierkantholz in passender Länge und Breite der Gläser

Das bereiten Sie vor

Sammeln Sie zuvor Babygläser mit Schraubverschluss. Messen Sie die Länge und Dicke des Holzes. Besorgen Sie entsprechende Schrauben.

Darum geht's

Aus Babygläsern mit Schraubverschluss und etwas Holz entsteht ein stabiles und kostengünstiges Aufbewahrungssystem für allerhand Kleinkram.

So geht's

➤ Zeichnen Sie an, wo und in welchen Abständen Sie die Gläser auf dem Holz befestigen wollen. Benutzen Sie dazu den Deckel eines Glases.

➤ Lochen Sie nun jeden Deckel mit dem Bohrer 2-mal. Durch die Löcher werden später die Schrauben gedreht. Benutzen Sie zum Bohren als Unterlage das Vierkantholz. Wenn der Bohrer austritt, perforiert er auch gleich das Holz an der richtigen Stelle, an der dann geschraubt wird.

Akkuschrauber: © MyImages – Micha – Shutterstock.com   PRAKTISCHES FÜR KLASSENZIMMER UND SCHULHOF

➼ Drehen Sie nun mit dem Akkuschrauber oder Schraubendreher die Schrauben ein. Legen Sie vorher jeweils eine Unterlegscheibe unter. Diese macht das ganze stabiler. (Im gezeigten Beispiel wurde statt der Unterlegscheibe eine dünne, rund ausgesägte Spanplatte untergelegt. Das bietet sich bei schwereren Gegenständen, wie Schrauben oder anderen Metallgegenständen, an.)

➼ Drehen Sie, wenn alle Deckel am Holz befestigt sind, probehalber die Gläser ein. Sie sollten fest sitzen. Drehen Sie die Gläser wieder aus.
➼ Schrauben Sie nun die Leiste an einem Regal Ihrer Wahl fest.
➼ Drehen Sie die Gläser wieder ein und befüllen Sie sie nach Lust und Laune.

Tipp
Sie können auch größere Gläser auf diese Weise an der Gläserleiste befestigen.

Idee
Vase
Aus einem Babyglas kann nicht nur Praktisches, sondern auch Schönes entstehen. Durch einfaches Bekleben des Glases mit Zierborte wird das Babyglas in Minutenschnelle zu einer Mini-Vase.

RECHTS-LINKS-RHYTHMUS-STICKS

Aufwand ✸✸   Schwierigkeit ✸

Darum geht's

Bambus-Essstäbchen oder Bambus-Stricknadeln verwandeln sich in wundervolle Sticks, mit denen die Kinder rechts und links unterscheiden lernen, aber auch Rhythmusbausteine trommeln können.

Material

- ✓ pro Kind 1 Paar Bambus-Essstäbchen oder Bambus-Stricknadeln
- ✓ Karton, ca. 30 x 20 cm
- ✓ Cutter
- ✓ evtl. Malerkrepp
- ✓ Acryllack, rot
- ✓ Acryllack, lila
- ✓ Pinsel
- ✓ evtl. Dekosteinchen
- ✓ evtl. Sekundenkleber

Das bereiten Sie vor

Bauen Sie die Trocken-Abtropf-Vorrichtung für die Stäbchen (siehe Bild). Benutzen Sie dafür den Karton. Ritzen Sie diesen mit dem Cutter etwas ein, damit Sie ihn besser knicken können. Er sollte aussehen wie auf dem Foto. Legen Sie diese Vorrichtung auf einen Untergrund, der schmutzig werden darf.

So geht's

- Umkleben Sie die Spitze jedes Stäbchens mit Malerkrepp. Das Band sollte gut haften, weil es später ein Durchlaufen der Farbe verhindern soll, denn die Spitzen der Stäbchen bleiben bambusfarben.

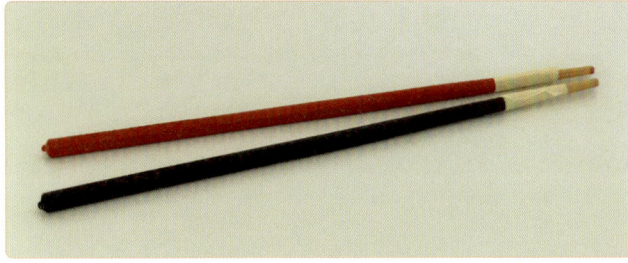

- Fassen Sie jetzt das Stäbchen an der Spitze. Bemalen Sie es vorsichtig bis zur umklebten Stelle mit dem Acryllack.
- Lassen Sie die Farbe (am besten über dem Waschbecken) etwas abtropfen.
- Legen Sie das Stäbchen auf die Abtropf-Vorrichtung.
- Lassen Sie die Stäbchen gut trocknen und lösen Sie das Malerkrepp erst dann ab.
- Verzieren Sie die Stäbchen hinten eventuell mit dekorativen Steinchen.

Tipp

Lila und rot wurden mit Absicht ausgewählt. Lila steht für links, Rot für rechts.
Bei den Stricknadeln können Sie alternativ zum Acryllack auch herkömmlichen Nagellack verwenden. Er lässt sich direkt aufpinseln und hält gut.

Idee

Verwendung der Stäbchen

Mit den Stäbchen können die Kinder Rhythmen schlagen. Fertigen Sie dafür kleine Kärtchen, indem Sie entweder für Kreise farbige Klebepunkte und für Striche Washi-Tape verwenden oder mit einem Weinkorken drucken (siehe Beispielfoto). Der Weinkorken-Punkt steht für einen kurzen Ton, der Strich für einen längeren. Die Kinder nehmen dann das rote Stäbchen rechts in die Hand, das lilafarbene in die linke. Sie klopfen die Rhythmen und lernen gleichzeitig rechts und links zu unterscheiden.

STÄBCHEN-PINZETTE

Aufwand ✸   **Schwierigkeit** ✸

Darum geht's
Ein Set Essstäbchen verwandelt sich ruckzuck in eine Pinzette, mit der man die Feinmotorik trainieren kann.

Material
- 1 Paar Essstäbchen
- 2 Gummiringe
- etwas Moosgummi
- Schere

So geht's
- Legen Sie beide Stäbchen parallel nebeneinander.
- Wickeln Sie einen Gummiring etwa 1,5 cm unterhalb des oberen Endes um beide Stäbchen.
- Schneiden Sie nun etwas Moosgummi zu. Der Streifen sollte etwa 1 x 5 cm messen.
- Legen Sie den Moosgummistreifen in sich überlagernde Schlaufen. Klemmen Sie dieses Gebilde unterhalb des Gummis zwischen die Stäbchen.
- Befestigen Sie den Moosgummi, indem Sie unterhalb den zweiten Gummiring um beide Stäbchen wickeln.

Und so setzen Sie die Pinzette ein
Mit dieser Pinzette sortieren die Kinder Dinge. Sie ordnen z. B. Pommels nach der Farbe, nach der Größe oder setzen Musterfolgen (Seriationen) damit fort.

Gummibänder: © mayakova – stock.adobe.com

Ideen

Idee zum Aufbewahren

Wenn Sie mehrere solcher Pinzetten haben, können Sie diese in einer leeren, von außen bemalten oder beklebten Chipsdose aufbewahren. Darin stecken sie dann wie Pfeile im Köcher.

Idee ohne Moosgummi

Statt des Moosgummis können Sie auch eine etwa 0,5 cm dicke Scheibe eines Weinkorkens verwenden.

HEIZKÖRPER-ABLAGE

Aufwand ✸✸   **Schwierigkeit** ✸✸ bis ✸✸✸

Material für eine Ablage

- ✓ Holzplatte, ca. 98 x 25 x 1,8 cm (Sperrholz oder Weichholz)
- ✓ Vierkantholz, ca. 200 x 2 x 2 cm
- ✓ quadratischer Holzrest, ca. 17 x 17 cm
- ✓ Säge
- ✓ Zollstock
- ✓ Akkuschrauber
- ✓ 12 passende Schrauben zur Platte, 4 cm lang
- ✓ Schmirgelpapier oder Schleifgerät
- ✓ Holzleim

Darum geht's

Oft gibt es im Klassenzimmer nur wenig Ablagemöglichkeiten. Hier wird eine Idee gezeigt, mit der Sie auf Ihrem Heizkörper ein wenig mehr Stauraum bzw. Flächen für Arbeitsmittel, Freiarbeit etc. schaffen.

Das bereiten Sie vor

↪ Besorgen Sie die Holzplatten und Schrauben. Sie erhalten diese im Baumarkt.

Wenn Sie weniger geübt im Umgang mit Sägen sind, lassen Sie sich das Brett, die Vierkantholzteile und die Dreiecke dort gleich zuschneiden. Oft sind die Zuschnitte kostenlos.

Zollstock: © Fotogrund – stock.adobe.com

So geht's

- Sägen Sie zuerst die Hölzer zu. Die Holzplatte soll ca. 98 cm lang (oder in Ihrer gewünschten Länge) sein.
- Kürzen Sie das Vierkantholz auf die Länge der Holzplatte ein (hier 98 cm).
- Sägen Sie aus dem restlichen Vierkantholz drei Teile. Zwei sollten jeweils ca. 13 cm und eines ca. 67 cm lang sein.
- Sägen Sie aus dem Restholz auch zwei Dreiecke zurecht.
- Schmirgeln Sie die Kanten der Hölzer gut ab.
- Messen Sie nun den Heizkörper.
- Fixieren Sie das lange Vierkantholz so mit Schrauben auf der Holzplatte, dass die Innenkante hinten an den Heizkörper anstößt.
- Die kurzen Einzelteile des vorderen Vierkantholzes befestigen Sie parallel dazu und rechnen bitte vorher als Abstand die Dicke des Heizkörpers hinzu.
- Kleben Sie mit dem Holzleim nun die beiden Dreiecke direkt neben die kurzen Vierkanthölzer. Achten Sie darauf, dass die Kanten der Hölzer in einer Flucht verlaufen.
- Während der Leim trocknet, befestigen Sie mit Schrauben den langen Mittelteil des Vierkantholzes zwischen den beiden Dreiecken. Die Schienen sind damit komplett und bilden später die Aufhängung der Ablage.

- Hängen Sie nach dem Trocknen des Holzleims die Ablage auf den Heizkörper.

Hinweis

Weil nicht alle Heizkörper gleich sind, können Ihre individuellen Maße evtl. von den angegebenen abweichen. Lesen Sie also zuerst gut die Beschreibung und passen Sie dann die Angaben auf den Heizkörper in Ihrem Zimmer an.

MATERIALSAMMLER AUS ROHREN

Aufwand ✹   Schwierigkeit ✹ ✹

Darum geht's
Aus ausgedienten Kartonrohren entsteht in wenigen Handgriffen ein übersichtliches Regal, das ganz ohne Böden auskommt. Es eignet sich zum Sortieren kleinerer Gegenstände, aber auch für Stoffe, Garne oder – direkt im Klassenzimmer – auch für fertig korrigierte Arbeitsblätter.

Material
- ✓ Kartonrohre
- ✓ Kreissäge
- ✓ Metermaß
- ✓ Bleistift
- ✓ Holzkiste (in beliebiger Größe)

Das bereiten Sie vor
➥ Überlegen Sie, wie groß der Materialsammler werden soll.
➥ Besorgen Sie sich eine entsprechende Holzkiste.
➥ Messen Sie zuvor Ihre Holzkiste aus.
➥ Besorgen Sie ausreichend viele Kartonrohre.

So geht's
➥ Stellen Sie ein Rohr in die Kiste. Messen Sie damit ab, in welcher Länge Sie die Rohre abschneiden müssen.
➥ Zeichnen Sie sich jeweils die Schnittkante mit Bleistift an.
➥ Sägen Sie die Rohre ab.
➥ Stellen Sie die Rohre, leicht versetzt (wie Bienenwaben), in die Holzkiste. Falls Zwischenräume entstehen, können Sie diese mit dünneren Rohren füllen.

PRAKTISCHES FÜR KLASSENZIMMER UND SCHULHOF

Tipp

Kartonrohre in Naturtönen und mit ganz unterschiedlichen Durchmessern erhalten Sie in Firmen, die Teppiche oder Gardinen herstellen. Oft geben diese Firmen die Rollen gern gratis ab.

Ideen

Mini-Sammler

Für kleinere Gegenstände, wie Stifte, Scheren etc., eignen sich kleinere Rohre – wie leere Haushaltspapier-Rollen, alte Postrohre, Whiskeydosen oder Chipsdosen. Falls ein Boden vorhanden ist, wird dieser mit dem Cutter entfernt. Stellen Sie jetzt alle Rohre in einen leeren Schuhkarton. Er dient als Rahmen oder Gestell der Konstruktion. Kürzen Sie jetzt alle Rohre auf die passende Länge ein. Fertig ist der Mini-Sammler.

Regal unterteilen

Wenn Ihnen eines Ihrer Regale zu wenig strukturiert erscheint, können Sie die Rohre auch direkt – ohne Holzkiste – in Ihr Regal stellen. Messen Sie einfach die Tiefe des Regals und gehen Sie genau wie beschrieben vor.

Farbige Rohre

Wenn Ihnen die Rohre in Natur zu wenig peppig sind, können Sie sie auch bemalen, beispielsweise indem Sie mit etwas Wasser angemischte Acrylfarbe in das Rohr gießen, beide Löcher mit Papptellern zuhalten und kräftig schütteln. Bemalen können Sie die Rohre innen und außen.

DER-DIE-DAS-EIMER

Aufwand ✸✸ **Schwierigkeit** ✸

Material

- ✓ 3 Schwung-Abfalleimer
- ✓ etwas Filz (oder Lederreste)
- ✓ 3 Holzkugeln (hier rosa)
- ✓ etwas Basteldraht
- ✓ 6 Wackelaugen
- ✓ Geschenkband, rot, blau und grün
- ✓ Schere
- ✓ Heißkleber und Heißklebepistole

Darum geht's

Aus einem Papierkorb mit Schwungdeckel entsteht in Kürze eine Figur mit Mund oder Maul, die sich zum Üben oder als Abfalleimer eignet.

So geht's

➥ Schneiden Sie aus dem Filz für jeden Eimer zwei Ohren (zwei Dreiecke), zwei Füße (zwei Halbkreise) und einen Schwanz aus.
➥ Schneiden Sie aus dem Basteldraht die Schnurrhaare zu.
➥ Für das Halsband messen Sie die Länge des Geschenkbandes ab und schneiden dieses zu.
➥ Kleben Sie jetzt mit Heißkleber diese Teile und die Wackelaugen und die Holzkugel-Nase an. Achten Sie darauf, dass die Nasen und Augen auf dem beweglichen Schwungdeckel angebracht sind.

Wackelaugen: © Mega Pixel – Shutterstock.com

Komplizierte Alternative: Papierfresser
Eine kompliziertere Variante mit genähten und mit Füllwatte gestopften Armen ist hier gezeigt. Dafür müssten Sie die Beine, Arme und Hörner nähen und mit Draht stabilisieren. Arme und Beine werden mit einer Schraube am Unterteil des Eimers befestigt und sind somit beweglich. Damit der Eimer gut steht, sind unten Vierkanthölzer aufgeklebt. Damit der Deckel nicht ständig schwingt und das Maul des Monsters etwas offen bleibt, sind Metallteile zum Beschweren angeklebt.

Und so verwenden Sie die Eimer
Die Eimer können Sie zum Üben der richtigen Verwendung der Artikel benutzen. Stellen Sie dafür Bildkarten her, die in den Abfallschlitz passen. Auf die Rückseite der Bildkarten können Sie mit Filzstift einen roten, einen grünen und einen blauen Punkt malen (oder Klebepunkte aufkleben). Der Kater mit dem blauen Halsband steht für „der", die Katze mit rotem Halsband steht für „die" und das Kätzchen mit dem grünen Halsband steht für „das". Die Kinder füttern die Katzenfamilie mit den Bildkarten und kontrollieren sich anschließend selbst anhand der Farbpunkte auf den Bildkarten.

KNOPF-RASSEL

Aufwand ✸✸   Schwierigkeit ✸

Das bereiten Sie vor
Heben Sie die Tragegriffe von alten Waschmittel-Großpackungen auf oder bitten Sie Eltern, diese zu sammeln.

Besorgen Sie auch die Kunststoffschnur.

Darum geht's
Aus einem Tragegriff, einer Waschmittelverpackung aus Kunststoff und ein paar Schellen und Knöpfen stellen Sie ein wundervoll klingendes Rhythmusinstrument her.

Material
- Tragegriff einer Waschmittelpackung (Plastik)
- Ahle
- Knöpfe und Glöckchen (mit einer Aufhängeöse)
- Kunststoffschnur, dünn
- Stopfnadel, stumpf

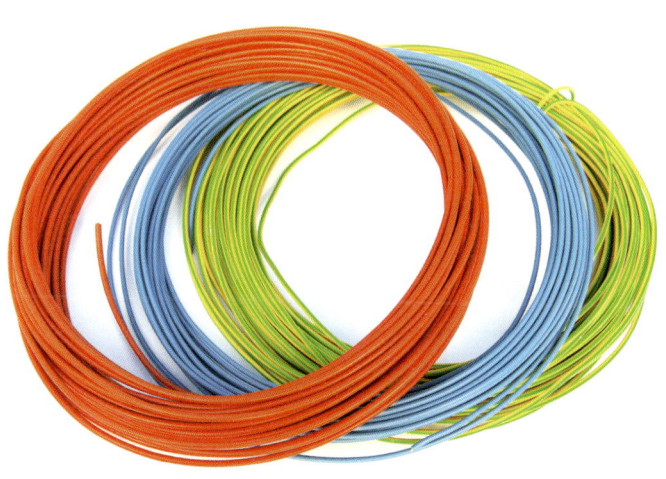

Kunststoffschnur: © Unclesam – stock.adobe.com

PRAKTISCHES FÜR KLASSENZIMMER UND SCHULHOF

So geht's

- Legen Sie fest, in welchen Abständen Sie die Glöckchen und Knöpfe am Tragegriff anbringen wollen.
- Bohren Sie an diesen Stellen mit der Ahle Löcher.
- Fädeln Sie die Kunststoffschnur in die Stopfnadel.
- Machen Sie an deren Ende einen Knoten, der das Durchrutschen der Schnur verhindert.
- Gehen Sie zum Auffädeln der Knöpfe wie folgt vor: Stechen Sie durch das Loch, fädeln Sie die Aufhängung der Knöpfe auf und stechen Sie in der Gegenrichtung noch einmal durch das Loch. Gehen Sie weiter zum nächsten Loch.
- Wenn Sie alle Glöckchen etc. aufgefädelt haben, machen Sie einen Knoten.
- Legen Sie beide Enden des Tragegriffs überlappend auf, sodass die Endform der Rassel erkennbar ist.
- Bohren Sie mit der Ahle durch beide Enden jeweils ein Loch. Dort wird der Tragegriff geschlossen.
- Nähen Sie den Schellenring zusammen und verknoten Sie ihn.

Tipp

Falls sich der Plastik-Tragegriff nicht gut lochen lässt, erhitzen Sie die Ahle über einem Teelicht. Dann fällt das Bohren der Löcher leichter.

Ideen

Ganz einfache Rassel

Eine einfache Rassel können Sie mit einem Haargummi herstellen. Daran werden die Glöckchen festgeknotet.

Lauschspiel

Mit dieser Rassel können Sie ein Lauschspiel mit den Kindern durchführen, um das Richtungshören zu trainieren: Die Kinder schließen die Augen, Sie schleichen mit der Rassel an eine Stelle im Klassenzimmer. Schütteln Sie die Rassel dann. Die Kinder zeigen mit dem Finger mit geschlossenen Augen an den Ort, wo sie die Geräuschquelle vermuten. Kontrolliert wird durch Augen-Öffnen.

KLEMMBRETT

Aufwand ✹   Schwierigkeit ✹

Das bereiten Sie vor

Sammeln Sie zuvor holzige Rückteile von alten Bilderrahmen oder gehen Sie in einen Baumarkt und lassen Sie sich dort Bretter in der gewünschten Größe zuschneiden. Am besten eignen sich dafür Spanplatten von 5 mm Dicke.

So geht's

➤ Wenn Sie sich Spanplatten besorgt haben, glätten Sie die eventuellen Kanten mit Schmirgelpapier.
➤ Klemmen Sie an der kürzeren Seite der Holzplatte die Briefklemme an. Sie benötigen keinen Leim etc., denn die Klemmen haben in der Regel eine hohe Klemmkraft.

Darum geht's

Bei Partner- oder Gruppenarbeiten, Rallyes oder auf Ausflügen müssen Kinder oft Aufzeichnungen machen. Damit ihnen dies besser gelingt, entsteht hier in wenigen Handgriffen ein einfaches Klemmbrett – aus Recyclingmaterial. Denn gekaufte Klemmbretter sind oft teuer.

Material pro Klemmbrett

✓ Spanplatte oder Rückwand eines Bilderrahmens in gewünschter Größe
✓ evtl. Schmirgelpapier
✓ Briefklemme, ca. 5 x 2 cm

➤ Befestigen Sie daran einen Bogen Papier, mit dem die Kinder arbeiten können.

Idee

Aufhängen

Viele Klemmen haben ein Loch. An diesem Loch können Sie einen Wollfaden befestigen und so das Brett aufhängen. Wenn Sie oben gleich zwei Briefklemmen befestigen, können Sie den Faden dazwischenspannen. Dann erhöht sich die Tragkraft des Klemmbretts und Sie können daran auch schwerere Dinge befestigen. Zum Aufhängen schlagen Sie einfach einen Nagel in die Wand.

JAHRESZEITLICHES UND KLEINE GESCHENKE

ADVENTSKALENDER AUS SCHWEMMHOLZ

Aufwand ✻✻ Schwierigkeit ✻✻

Darum geht's
In Sekundenschnelle verwandelt sich ein Stück Schwemmholz bzw. ein Reisigbesen in einen Adventskalender.

Material
- 1 Stück Schwemmholz/Reisigbesen, ca. 1,50 m lang
- Paketschnur, ca. 6 m
- Moosgummi oder Tonkarton
- Stanzen mit Weihnachtsmotiven
- Gelstifte, wasserfest
- evtl. Ahle
- evtl. 24 Wäscheklammern
- evtl. Heißkleber und Heißklebepistole
- evtl. Lichterkette

So geht's
- Schneiden Sie ein etwa 2 m langes Stück Paketschnur ab.
- Knoten Sie an beiden Enden des Holzes das Paketband gut fest. Beim Besen sollten Sie hinter dem Reisig knoten. Sie können den Stab nun schon aufhängen. Das erleichtert die nächsten Schritte.
- Stanzen Sie jetzt 24 Weihnachtsmotive aus.
- Beschriften Sie diese mit den Zahlen 1 bis 24. Verwenden Sie dazu die Gelstifte.
- Wenn Sie die Weihnachtsmotive später an die Päckchen klammern möchten, sollten Sie sie jetzt mit etwas Heißkleber auf die Wäscheklammern kleben. Falls Sie sie hängen möchten, bohren Sie mit der Ahle ein Loch und fädeln Sie einen Faden als Aufhänger ein. Knoten Sie die Fäden am Schwemmholz fest.
- Wickeln Sie jetzt die Lichterkette um das Schwemmholz.

Und so geht es weiter

Besorgen Sie kleine Geschenke. Packen Sie diese mit naturfarbenem Packpapier ein. Binden Sie eine Aufhängung aus Paketschnur darum und befestigen Sie diese am Adventskalender.

Idee

Lustig sieht es auch aus, wenn Sie zum Aufhängen Back-Nudelhölzer benutzen. Da diese allerdings etwas kurz sind, sollten Sie mindestens zwei verwenden.

SCHUL-LEITER-WEIHNACHTSBAUM

Aufwand ✹   Schwierigkeit ✹

Material
- ✓ Klappleiter
- ✓ Lichterkette
- ✓ Deko (z. B. Glimmergirlande, Weihnachtsstern, Kugeln)
- ✓ Basteldraht, dünn
- ✓ Schere

Darum geht's

Ein lustiges Wortspiel, aber auch praktisches Accessoire für die Vorweihnachtszeit: der Schul-Leiter-Weihnachtsbaum, der aus einer Klappleiter, einer Lichterkette und viel Deko in Windeseile gemacht ist.

So geht's

- ➤ Klappen Sie die Leiter auf. Sie sollte stabil stehen.
- ➤ Befestigen Sie die Lichterkette daran, indem Sie sie um die Sprossen wickeln. Schwerere Lichterketten sollten Sie zusätzlich mit Basteldraht am Holz festwickeln.
- ➤ Hängen Sie jetzt die Deko an den „Baum". Benutzen Sie zum Befestigen ebenfalls Basteldraht.

Tipp

Wenn Sie keine Lichterkette benutzen möchten, aber trotzdem Kugeln aufhängen, dann könnten Sie in die Zwischenräume zwischen den beiden Leiterhälften Rundhölzer legen, auf die Sie dann die Kugeln auffädeln. Auch ein Aufhängen der Kugeln an Nylonfäden ist möglich, aber sehr windempfindlich.

Idee

Die Klappleiter eignet sich auch als Abschiedsgeschenk für Schulleiter*innen. Dem Schulleiter eine Schul-Leiter schenken, macht viel Freude. Sie könnten daran beispielsweise kleine Geschenke der Kolleg*innen befestigen oder Erinnerungsfotos.

EIERPALETTEN-OSTERNEST

Aufwand ✺   Schwierigkeit ✺

Material
- ✓ Eierpalette
- ✓ Sprühflasche mit Wasser
- ✓ Paketschnur, ca. 1,20 m
- ✓ Dekoband oder Bast, ca. 1,50 m
- ✓ 2 Handvoll Heu

So geht's
➤ Legen Sie die Palette vor sich auf den Tisch.
➤ Besprühen Sie sie an den markierten Stellen mit Wasser. Das Wasser sorgt dafür, dass der Karton weich wird und leichter zu biegen ist.

➤ Biegen Sie nun die vier Ecken nach oben.
➤ Binden Sie die Paketschnur zum Befestigen um die nach oben geklappten Ecken. Knoten Sie die Schnur mehrmals.
➤ Lassen Sie den Karton gut trocknen.
➤ Binden Sie als Dekoration das Dekoband um das Nest.
➤ Füllen Sie das Osternest mit etwas Heu und legen Sie die Eier hinein.

Darum geht's
Ein kostengünstiges und materialarmes Osternest, das sicher für einen Aha-Effekt sorgt, entsteht innerhalb weniger Minuten. Es bietet sich an, diese Bastelarbeit zu zweit durchzuführen.

Ideen

Hasenkopf-Eier
Witzig sieht es auch aus, wenn Sie den Eiern statt Wackelaugen einfach Hasengesichter aufmalen und Hasenohren aus Tonpapier ankleben.

Einfache Ostereier
Als Alternative zu den gefärbten Ostereiern eignen sich gekochte Eier, die einfach mit etwas Zeitung und Bastelfilz ummantelt sind. Zum Kleben können Sie am besten eine Mischung aus Mehl und Wasser verwenden.

Eierpaletten-Spiel
Aus einer Palette können Sie auch ein Spiel herstellen. Gestalten Sie dazu den Karton als Wiese. Nehmen Sie einen Esslöffel und einen kleinen Stein als „Munition". Legen Sie in die Mulden kleine Naschsachen. Wer die Mulde mit Näscherei trifft, darf sie behalten.

Foto oben: © arianarama - stock.adobe.com

GOLDNUGGETS MIT EDELSTEINEN

Aufwand ✺✺   Schwierigkeit ✺

Das bereiten Sie vor

Kaufen Sie kleine Halbedelsteine. Sie erhalten diese in gut sortierten Schreibwaren- oder Bastelläden. Besorgen Sie auch Ton. Pro Nugget benötigen Sie etwa eine Handvoll Ton und einen Halbedelstein.

So geht's

➦ Nehmen Sie sich etwas Ton und formen Sie daraus eine kleine Kugel.

Darum geht's

In nur wenigen Handgriffen stellen Sie aus kleinen Halbedelsteinen und etwas Ton Goldnuggets her, die Sie als Belohnung oder als kleines Geschenk verwenden können.

Material

- ✓ Ton (Farbe egal)
- ✓ Halbedelstein
- ✓ Goldlack

➦ Drücken Sie in diese Kugel nun einen Halbedelstein hinein.
➦ Rollen Sie die Kugel, bis diese leicht rund aussieht. Unförmige Stellen sind durchaus erwünscht.
➦ Lassen Sie den Ton lufttrocknen.
➦ Lackieren Sie die Tonkugel mit dem Goldlack.

So setzen Sie die Nuggets ein
Als Geburtstagsgeschenk eingesetzt, ist es z.B. spaßig, wenn das Geburtstagskind mit einem Holzhammer auf den Nugget schlagen darf, bis dieser sich öffnet und sein Inneres offenbart. Die Anzahl der benötigten Schläge wird gezählt. Je weniger Schläge, desto besser.

Wenn die Nuggets als Belohnung eingesetzt werden, können sie einfach mit nach Hause genommen und dort geöffnet werden. Durch das goldene Erscheinungsbild wirken sie wertvoll und animierend.

Glassteine: © Nik Merkulov – Shutterstock.com

STEMPEL

Aufwand ✹   Schwierigkeit ✹

Material
- ✓ Stück Holz
- ✓ Moosgummi
- ✓ Kugelschreiber
- ✓ Schere
- ✓ Flüssigkleber

Darum geht's

Einen individualisierten Stempel stellen Sie innerhalb kurzer Zeit aus Moosgummiresten, Holz und Flüssigkleber her. Diese Idee eignet sich sowohl als kleines Geschenk als auch für den Kunstunterricht.

Das bereiten Sie vor

Besorgen Sie sich Holzreste. Sie erhalten diese oft gratis oder zumindest sehr günstig im Baumarkt.

So geht's

➤ Schneiden Sie die Grundform Ihres Motivs aus dem Moosgummi aus.
➤ Drücken Sie nun mit dem Kugelschreiber fest ein Muster hinein. Achten Sie darauf, dass Sie Schriften spiegelverkehrt abbilden müssen!
➤ Kleben Sie nun die Moosgummiform mit dem Flüssigkleber auf das Holzstück.
➤ Lassen Sie alles gut trocknen. Danach können Sie den Stempel mit einem handelsüblichen Stempelkissen benutzen.

Kartonstempel mit Griff

Wenn Sie keine Holzreste zur Hand haben, können Sie die Stempelbasis auch aus ein paar Schichten Wellkarton herstellen. Schneiden Sie einfach etwa drei gleich große Stücke Karton zu und umwickeln Sie diese fest mit Malerkrepp.

Kleben Sie dann beidseitig klebendes Band darauf.

Formen Sie aus Karton einen Halter und kleben Sie diesen mit dem Klebeband fest.

>>

Kleben Sie dann mit dem Flüssigleim den Moosgummi darauf.

Einfacher Stempel

Aus einem dünnen Karton und Selbstklebefolie mit samtiger Oberfläche lässt sich auch ein toller Druckstock herstellen. Schneiden Sie dazu aus der Klebefolie Formen aus und kleben Sie diese auf den Karton.

Verwenden Sie zum Drucken kein Stempelkissen, sondern bemalen Sie den Stempel mit Pinsel und Farbe.

MINI-NADELKISSEN

Aufwand ✸✸   Schwierigkeit ✸✸

Darum geht's

Mit einfachen Alltagsmaterialien stellen Sie ein Nadelkissen her, das Sie sowohl als Fingerring tragen oder auch aufstellen und befüllen können. Dieses Nadelkissen stellen auch Kinder ganz einfach her.

Material Fingerring-Nadelkissen

- ✓ 1 Deckel einer PET-Flasche
- ✓ Ahle
- ✓ Stoffschere
- ✓ Gummiband, ca. 6 cm
- ✓ Bastelkleber
- ✓ Stoffrest, ca. 8 x 8 cm
- ✓ Glas oder Plastikbecher, Durchmesser ca. 7 cm
- ✓ Filzstift
- ✓ etwas Füllwatte
- ✓ 1 Nähnadel
- ✓ etwas Nähgarn
- ✓ Dekoband, ca. 8 cm

Das bereiten Sie vor

Überlegen Sie zuvor, wie groß Ihr Nadelkissen werden soll und wofür Sie es benutzen möchten. Besorgen Sie dann die entsprechenden Gegenstände.

So geht's

➥ Zeichnen Sie mithilfe des Glases einen Kreis auf den Stoffrest.

Stecknadeln: © MichaelJayBerlin – Shutterstock.com

JAHRESZEITLICHES UND KLEINE GESCHENKE

- Schneiden Sie den Kreis aus.
- Nähen Sie mit dem Heftstich entlang der Kreislinie. Sie sollten einen Abstand vom Rand von etwa 0,5 cm haben.

- Ziehen Sie an beiden Enden des Fadens. Auf diese Weise wird aus dem Kreis ein kleines Säckchen.

- Füllen Sie dieses Säckchen mit etwas Füllwatte.
- Nähen Sie es unten gut zu, damit die Füllwatte im Säckchen bleibt.

- Stechen Sie nun mit der (evtl. über einem Teelicht erhitzten) Ahle zwei Löcher in den PET-Flaschen-Deckel.
- Fädeln Sie das Gummiband durch die Löcher.

- Machen Sie an den Enden zwei feste Knoten.
- Kleben Sie jetzt von innen viel Bastelkleber in den Deckel.

- Drücken Sie das gefüllte Säckchen hinein.
- Kleben Sie etwas Bastelkleber auf den Rand des Deckels.
- Schlingen Sie das Dekoband herum.
- Nähen Sie es an den Enden zu.
- Vernähen Sie es eventuell noch mit dem kleinen Säckchen.

HANDYLAUTSPRECHER

Aufwand ❋   **Schwierigkeit** ❋

Darum geht's

Wer kennt das nicht – wie aus dem Nichts ist ein Hörbeispiel, Geräusch oder Musikstück gefragt, aber das Handy allein ist nicht laut genug? In Minutenschnelle entsteht aus Alltagsmaterialien ein Handylautsprecher, der im Klassenzimmer eingesetzt werden kann.

Material

- ✓ 2 Plastik- oder Pappbecher
- ✓ leere Rolle Haushaltspapier
- ✓ Stift, wasserfest
- ✓ Nagelschere

Das bereiten Sie vor

Besorgen Sie alle benötigten Materialien.

So geht's

➵ Halten Sie die leere Rolle seitlich an den Stellen an die beiden Becher, wo sie später platziert werden sollen.
➵ Zeichnen Sie mit dem wasserfesten Stift an, wo Sie später schneiden müssen.
➵ Entfernen Sie mit der Schere die runden Teile aus den Seitenwänden der Becher.
➵ Stecken Sie die Rolle seitlich in die beiden Löcher, wie im Bild gezeigt. Die Becher fungieren als Lautsprecher.

➵ Halten Sie nun Ihr Handy an der Stelle auf die Rolle, wo es später eingestellt werden soll. Markieren Sie, wie lang und breit der Schlitz werden soll. Je exakter Sie hier schneiden, desto weniger Klang entweicht durch eventuelle Zwischenräume zwischen Rolle und Handy.
➵ Schneiden Sie das längliche Loch aus. Das wird später die „Docking Station".

↦ Stecken Sie dann das Handy mit dem Lautsprecher nach unten in die Vorrichtung. Indem Sie die Rolle weiter in die Becher schieben, können Sie die Musik sogar ohne einen Knopfdruck leiser stellen.

Tipps

↦ Dieser Lautsprecher funktioniert mit allen Handys. Diese müssen nur mit dem Lautsprecher nach unten in den Handylautsprecher gestellt werden.

↦ Je größere Becher Sie nehmen, desto lauter ist der Klang.